U0486063

World Educational Nomocracy [2023]

2023年
国外教育法治动态

王云龙 主编

南京师范大学出版社

图书在版编目（CIP）数据

2023年国外教育法治动态/王云龙主编. -- 南京：南京师范大学出版社, 2024.12. -- ISBN 978-7-5651-6725-6

Ⅰ．D912.160.4

中国国家版本馆CIP数据核字第2024ZK7429号

书　　名	2023年国外教育法治动态
主　　编	王云龙
特邀编辑	黄牧宇
责任编辑	郑海燕
装帧设计	刘　俊
出版发行	南京师范大学出版社
地　　址	江苏省南京市鼓楼区北京西路72号（邮编：210024）
电　　话	（025）83598919（总编办）　83598412（营销部） 　　　　　83373872（邮购部）
网　　址	http://press.njnu.edu.cn
电子信箱	nspzbb@njnu.edu.cn
排　　版	南京私书坊文化传播有限公司
印　　刷	南京新世纪联盟印务有限公司
开　　本	710 mm×1000 mm　1/16
印　　张	12.5
字　　数	144千
版　　次	2024年12月第1版
印　　次	2024年12月第1次印刷
书　　号	ISBN 978-7-5651-6725-6
定　　价	78.00元

出 版 人　张　鹏

南京师大版图书若有印装问题请与销售商调换
版权所有　侵犯必究

前　言

本书是教育部教育立法研究基地——东北师范大学国际教育法治研究中心编著的《国外教育法治动态》（月报）2023年全年集结本。

东北师范大学国际教育法治研究中心围绕国家教育立法、教育公共政策以及国内外教育重点难点问题，借鉴世界主要国家的教育法治建设经验，于2023年编发《国外教育法治动态》12期，旨在为我国加强教育法治建设、推进教育治理体系和治理能力现代化提供有益参考，主要内容如下。

（1）为提高我国的高等教育治理能力提供启迪，编发《俄罗斯大学治理趋势与启示》（第1期）、《英国高校内部治理机制研究：以圣安德鲁斯大学为例》（第2期）、《美国高校治理模式与发展趋势》（第3期）、《当代新加坡大学治理权配置改革与创新》（第4期）、《少子化视域下日本私立大学治理路径》（第5期）。

（2）为寄宿制学校发展提供参考，编发《英国与澳大利亚寄宿制学校法律法规综述》（第6期）。

（3）为高校财务制度改革提供借鉴，编发《法人化视域下日本大学财政运行体制》（第7期）、《竞争性与流动性：日本大学人事与薪资治理》（第9期）。

（4）为我国教育分流改革提供参考，编发《精准定位与系统布局：德国早期化教育分流体制》（第8期）。

（5）为基础教育热点问题提供决策参考，编发《市场化与保护网：英国中小学课外辅导制度》（第10期）、《系统性与精准性：英国中小学教师流失与对策》（第11期）。

（6）为我国高等教育督导制度改革提供参考，编发《卓越视域下英国高等教育机构评估》（第12期）。

在此，谨向指导与支持东北师范大学国际教育法治研究中心工作的教育部政策法规司翟刚学副司长，东北师范大学李忠军书记、邬志辉副校长，东北师范大学校长助理白冰、历史文化学院董灏智院长等，表示衷心感谢！向本书责任编辑、南京师范大学出版社郑海燕女士表示衷心感谢！

王云龙

2024年12月19日

目 录

001　第 1 期
　　　俄罗斯大学治理趋势与启示

017　第 2 期
　　　英国高校内部治理机制研究：以圣安德鲁斯大学为例

035　第 3 期
　　　美国高校治理模式与发展趋势

051　第 4 期
　　　当代新加坡大学治理权配置改革与创新

067　第 5 期
　　　少子化视域下日本私立大学治理路径

083　第 6 期
　　　英国与澳大利亚寄宿制学校法律法规综述

103　第 7 期
　　　法人化视域下日本大学财政运行体制

121　第 8 期
　　　精准定位与系统布局：德国早期化教育分流体制

137　第 9 期
　　　竞争性与流动性：日本大学人事与薪资治理

153　第 10 期
　　　市场化与保护网：英国中小学课外辅导制度

169　第 11 期
　　　系统性与精准性：英国中小学教师流失与对策

183　第 12 期
　　　卓越视域下英国高等教育机构评估

第 1 期
俄罗斯大学治理趋势与启示

沈倬丞

内容提要

大学作为俄罗斯高等教育体系的核心，其治理模式深受国家办学目标和社会环境影响，不断在内部高度自治和外部强力管控间寻求平衡，并在历次社会转型进程中引发剧烈变革。近年来，面对日益复杂的国内外环境，俄罗斯大学治理呈现出新趋势，特别是俄乌冲突后俄罗斯退出"博洛尼亚进程"，高等教育体系再次步入深度变革期，大学治理模式持续演变。

一、俄罗斯大学治理模式的历时性演进

内部自治和集权控制的结合与相互制约是俄罗斯大学治理的典型特征，两者在百余年来始终存在分歧与矛盾，至今仍未达到平衡状态，并逐渐演化为此消彼长态势，在不同历史背景和政治环境下往复循环。

（一）俄罗斯帝国时期的四部大学章程

1755年，俄罗斯第一所现代意义的综合性大学——莫斯科大学成立。1802年，亚历山大一世建立了欧洲第一个国民教育部，于1804年批准了俄国第一部大学章程，赋予了大学自治地位。根据该章程，大学内部的最高权力机构是教授委员会，校长和各系主任由教授选举；大学拥有教学科研工作的完全自治权和对内惩治权；大学出版社的出版物不受审查；大学管理所在省区的中小学教育，具有一定行政属性。在相对宽松的环境下，大学涌现了大批思想家、科学家、文学家，培养了大量具有进步思想的青年英才。但进步思想与帝国专制制度形成直接冲突，最终导致国内爆发"十二月党人"起义。

尼古拉一世登基后，加强了对社会思想的控制。1835年，帝俄推行了第二部大学章程，基本否定了此前的自由主义大学自

治路线，转而采用时任国民教育大臣乌瓦罗夫主张的"东正教、专制制度、国民性"三位一体的办学基调。沙皇任命的督学拥有监督和惩治权，大学的行政管理权被取消。在学术自治共同体的争取下，大学的基本选举制度和教学自主权得以保留。

19世纪60年代帝俄农奴制改革后，其教育领域也出现了相应变革。1863年的第三部大学章程在一定程度上恢复了大学的自治权，体现了政府对大学原有自治制度和社会自由派的让步。此外，教授委员会权力得以扩大，教授待遇改善，队伍获得扩充；大学具有学位授予权；尽管督学的权力受限，但依然拥有监督权。

1863年章程的宽松政策使大学生能广泛参与社会活动，由此加速了国内自由主义运动，从而再度引起当局不满。1884年，亚历山大三世批准了保守派大学章程，使大学的自治权遭到大幅剥夺，学生活动受到严密监控和打压，督学权力再次凌驾于校长之上。

大学在俄罗斯帝国的政治、经济、文化进程中均发挥了显著作用，并多次充当社会变革的前沿阵地。因此，每当发生社会变革时，专制政府都会首先考虑通过修改章程来遏制大学的声音和权利。当现行章程赋予大学较为宽泛的自治权时，专制政府便会通过新修订的章程回收或压缩大学的自治权；而当限制过多时，社会各界尤其是大学内部又会强烈要求扩大自治权，所以下一部章程便又转向自由和宽松的基调。上述四部俄国大学章程是自由和保守相斥逻辑下的产物，也是大学自治与国家控制矛盾的集中体现。

（二）苏联时期的多线垂直模式

苏联是国家全面掌控高等教育治理权的典型代表，政府与大学之间的关系体现的是垂直层面的纵向指令与绝对执行逻辑。政府统一拨款是大学资金的主要来源，国家基于计划经济体制全面掌控高等院校人才培养目标和培养原则、学科设置、课程和教材内容、教学方法和形式等，并且实行统一的学制、招生制度、学位评定和授予程序，对科学研究方向进行规定性设置。学校内部实行"校长—系主任—教研室主任"的垂直管理，行政色彩浓重，学术权力从属于行政权力，民主决策形同虚设，大学几乎没有学术自主权。

十月革命后，苏维埃政权高度重视对旧帝国大学的改造和新型高等院校建设，将所有高校交由教育人民委员部管辖。斯大林掌权后，为使人才培养契合国民经济社会发展需要，国家按照所属的领域对高校进行了专业化改造。除综合院校和师范院校外，将其他学校改革为专业院校。1936年起，人民教育委员会下属的全苏高等教育事业委员会开始对所有的高等院校实行宏观领导，各专业部委按照对应领域直接领导或管理高校。这种教育行政部门和各经济主管部门双重领导的模式，对苏联高等教育的发展和国家工业化、农业集体化起到了积极推动作用，专业干部培养规模不断扩大，高等教育对社会经济发展的贡献率显著提升，但也造成了高校知识产出机械化、人才培养程式化、学术活力僵化、创新能力弱化等弊端。

为解决上述问题，20世纪60年代后，苏共中央对高等教育领导管理体制进行了改革，将大学作为统一整体纳入苏联高等和中等专业教育部来管理，遵循科技发展总体规律，促进人才培养质量提升，逐步弱化经济和生产等专业部门对大学的直接领导。苏维埃社会主义共和国联盟最高苏维埃行使教育立法权，确定全国高等教育的组织和管理原则等事项。苏联部长会议负责实行国家对高等教育领域的重大决策。苏联高等和中等专业教育部对高等教育的领导权扩大，实施宏观管理和发展规划，对接人才培养与国民经济总需求，对全国所有高等院校进行全面领导。隶属于苏联各加盟共和国的院校，由所在加盟共和国高等和中等专业教育部管理，国家部委直属的大学和学院仍由部委直接管理。这种模式一定程度上维持了人才培养与具体经济领域需求的适配，但其权责范围逐渐缩小。

（三）俄罗斯联邦时期的大学治理基本模式

1. 治理法管化

20世纪90年代，俄罗斯持续推进法治化进程，迅速完成了教育基本法的立法工作，俄罗斯大学治理逐步走上法治化轨道。经过多年发展，俄罗斯形成了以教育法和大学章程为主要依据的大学法治化治理基本框架。

具有法典化性质的《俄罗斯联邦教育法》是指导大学运行和大学内部治理的根本依据。《俄罗斯联邦教育法》从法律层面强调教育活动的自由和多元化；赋予了大学较为广泛的自治权和学术自由；扩大了大学在管理和经营方面的自主权，实现办学经费来源多元化；确定了校长负责制和民主决策相结合的内部治理原则。保障高等院校的内部自治以及师生的学术权利与学术自由，成为国家高等教育政策制定的根本性逻辑，极大增强了高校办学的能动性和灵活性。

大学章程建设是俄罗斯高校走向法治化治理的关键环节。大学章程上承《俄罗斯联邦教育法》和其他联邦教育政策法规，下接学校内部治理规程，是大学行动的准则和治理依据。大学在章程范围内自主开展行政管理、教学、科研、财务和资金管理等活动。在制定流程方面，章程须在全校大会上通过完整程序审议，并加以宣传，使教职员工、学生了解学校章程。章程包括学校类别、创办人或隶属机构、内部决策机制、所采用的教学大纲类别、实施的教育层次、教育目标与方向、选拔机制、治理结构、组织机构设置、职权范围和责任义务等。大学章程作为校内各利益相关方的共同契约，为学校内部各种需求和利益关系的协调提供了充分的法治依据。

2. 监管制度

为应对苏联解体初期大学过度自治导致的教育质量下滑和公共信任危机，俄罗斯政府引入了高校外部治理的监管和问责机制，对高校自治实施必要的外部管控。该机制逻辑强调政府、社会、市场等利益相关方共同对大学实施监督和问责，以人才培养质量、教育大纲实施情况、教育及学术活动质量、运行效率和创新能力等为主要监管内容。问责形式包括办学许可核验、教育质量评定、高校活动效率评估等。此外，大学排名也是衡量办学质量的重要横向标准。自 2012 年起，俄罗斯联邦教育主管部门每年对高等院校的教学及科研工作、国际合作、资金使用和管理、基础设施建设、学生就业质量等核心维度进行评估，强化对高等教育机构的管控，设立专门机构对大学进行评估和监督。根据评估结果，高校可获得绩效奖励或接受相应处罚。

总体来看，苏联解体后，俄罗斯高校自主办学呈现出由宽松到收紧的演进路径。首先在法定层面确定了高等教育机构的自治性质和地位，使大学再次获得较大的办学自主权。在此基础上，逐渐完善了高等教育治理的监督和问责机制，在尊重大学自治的前提下，确保大学有效实现自身核心功能和切实履行责任义务。这既摒弃了苏联时期国家单向度管辖的旧制，又对大学自治进行了有效监管，逐步探索自治与问责的平衡模式。但进入 21 世纪以来，在国家主义回归的时代背景下，俄罗斯高校的自主权没有获得实质性扩大，尤其是在近年来外部环境趋紧的情况下，大学治理的外部监管有愈加严格的趋势。

3. 治理民主化

大学行政自主权的扩大是内部治理民主化的基础。俄罗斯大学管理遵循校长负责和民主决策相结合的原则，一般由校级学术委员会对大学实行宏观方向引领，由校长执掌行政管理和对外事务。苏联解体后，校长的选任方式从任命制转为选举制，成为大学内部治理改革的又一重要标志。校长根据学校章程规定的程序选举产生，并提请国家教育管理机关批准通过。国家层面一般尊重学校的选举结果，以体现治理的民主性。进入 21 世纪以来，俄罗斯大学校长选举问题频出,一些民选校长的思想言行和治校方式与国策相悖,因此许多官员和学者呼吁将大学校长由选举转为国家任命。自普京第三个总统任期以来,在俄罗斯的大学校长选举实践中,候选人通常需先由国家主管部门认可和推荐方可进入选举程序。同时,国家不断扩大了校长在学校资金管理方面的职权。

从基层治理方面看,大学基本保持"学校—院系—教研室"纵向三级学术委员会结构。校长一般在校级学术委员会中担任主席,实现对学校各项事务的全面把控;副校长通常作为常设成员进入学术委员会。院系学术委员会和教研室学术委员会分别是所在层级的主要管理和决策机构,在权限内自主实施教学、科研、人事等方面的决策。

此外,学生委员会、工会、督学会等校内团体和组织也在一定程度上参与学校重大决策,大学治理的主体多元化态势得到强化。与此同时,高校开展聘任制改革,学校可以自主安排教职工的聘用、任免和晋升事宜,基本实现了内部人事管理方面的自主权。一些高校将教授聘任和教研人员招聘,赋权学部和课程委员会等机构,由其共同决定用人需求和人员选聘。同时,对学科带头人和专业负责人增加绩效考核指标,提升内部治理体系的竞争性与效率,促进人员的优胜劣汰。

尽管加强了民主化治理,但一些俄罗斯大学仍未完全摆脱内部治理的"官僚化"问题。既往的行政官僚演化为学术官僚,主要体现为学术垄断、"近亲繁殖"和派系割据,学术领军者兼有管理者属性,且有"经理人化"趋势,与教师和学生形成对立的管理关系，从而违背高校自治的根本要义。另外，为了应对各类繁冗的审查、认证、审计工作，校长等管理人员必须发挥外部协调能力，游走于教育部等行政部门，为高校谋取更多资源，使其免于各种问责，从而加剧了高校治理的行政化。

二、俄乌冲突以来俄罗斯大学治理的新趋势

受乌克兰危机和新冠疫情等因素影响，俄罗斯高等教育体系面临新挑战。特别是2022年以来，俄乌冲突引发的地缘政治危机迅速外溢至高等教育领域，美西方制裁对俄罗斯高等教育的既有体制和发展路线造成较大冲击。2022年5月，俄罗斯宣布退出"博洛尼亚进程"，高等教育不再以融入西方教育体系为目标，转向构建独立自主的高等教育体系，服务于国家经济建设和科技发展，人才培养目标以此为重心，大学治理亦相应调整。

（一）加强大学直接外部管控

有俄罗斯学者认为，俄罗斯加入"博洛尼亚进程"的20年间，大幅加速了教师和学生的思想自由化，造成意识形态西化、家国情怀缺失。据俄媒报道，俄乌冲突以来，俄罗斯官方加强了对大学教职工言论与相关舆论的监管，加速清除大学内部的"西方代理人"；高校人事任免更严格谨慎，无论是校长还是基层教职工，其政治正确性和国家忠诚度均成为首要考量。由此，俄罗斯加强了历史教育和爱国主义教育力度，开设了全国统一的高校历史教

育课程。此外，在西方系列教育科技制裁的背景下，俄罗斯大学与外界的隔阂加深，学术交流与科技合作受到严峻打击。

概言之，俄罗斯的大学治理路径有可能进入新的外部管控主导期，其主要模式是国家加强对大学管理层任命的介入，以确保大学内部治理思路符合国家意志，使相关改革和人才培养目标、学术生产目标得以有效施行。同时，在一定程度上加强了对师生的意识形态引导和管控，并加大力度阻隔境外非友好势力渗透至俄罗斯大学，强化大学的安全防范和保密能力。

（二）调整办学与人才培养目标

自2003年加入"博洛尼亚进程"以来，俄罗斯高等教育主要路线即调整为融入欧洲高等教育体系，并据此推行了一系列颠覆性改革，如引入"本—硕"学制和欧盟学分转换体系，创设"统一国家考试"等。相关改革提升了俄罗斯大学学历学位的国际认可度，促进了人才流动，提高了"教育出口"能力，但也导致本国教育历史传统衰落、人才培养质量下降、人才流失等问题。退出"博洛尼亚进程"对俄罗斯高等教育而言，既是转折，也是机遇。俄罗斯科学和高等教育部表示，当前俄罗斯高等教育的首要任务是重塑"独具特色的发展路径"，以高等教育主权和国家利益为中心，兼顾基础性、灵活性、实用性与开放性。具体来看，首要措施是实行学制改革，增加苏联时期的5年制"专家"学制比重，增加专业技术类人才的培养年限，提升培养质量，根据经济社会发展需求调整专业设置和培养内容，并将促进国家紧缺人才培养、核心技术攻关、弥补劳动力市场空缺作为大学人才培养的主要目标。国家将加大人才培养与经济需求对接的引导与调控，并加大对大学功能定位、发展方向与教学安排的行政调控。据悉，俄教育科技监管署于 2023 年秋季开始实行三年一次的高等教育质量监测评估，评估内容包括学生课业通过率、教师学位学衔和奖励情况、内部教育质量评价机制、学生就业情况等 8 项指标。

在学术治理方面，俄罗斯调整和完善了学术评价体系。俄联邦副总理切尔内申科责成科学和高等教育部加速研制自主科研成果评价体系，减少对境外学术评价体系的依赖，包括与 Web of Science 和 Scopus 等检索系统脱钩（2022 年，Web of Science 核心数据库中有俄罗斯期刊 410 个，而 Scopus 中则有 567 个），取消国内学者在申请科研项目时在国外期刊发表论文的数量要求，暂停学术评价过程中的 Web of Science 和 Scopus 数据库索引指标，减少文献计量等指标在学术评估中的份额，并为本国学术刊物和著作出版提供支持等。

（三）高等教育数字化治理

教育数字化不仅是人才培养的需要，也是高等教育治理的需要。2016 年，俄罗斯出台了"俄联邦现代数字教育环境"联邦专项，以数字化教育资源供给弥补教育发展的区域不平衡矛盾。2017 年发布的《俄罗斯联邦数字经济规划》提出要持续打造多个数字教育平台。2018 年公布的《俄罗斯国家教育方案》将"创建数字化教育环境——在校园推广数字化技术"作为专项计划之一，以推动数字技术在教学中的应用。2020年，俄罗斯总统普京签署了《俄罗斯联邦面向2030年的国家发展目标》总统令，明确指出高等教育是全面实现国家数字化转型的关键环节和优先领域。2021年，俄罗斯科学和高等教育部出台了《高等教育与科技产业的数字化转型战略》，首次明确提出"高等教育数字化转型"，规划了2030年前俄罗斯高等教育从传统模式向数字一体化、大数据管理模式转型的目标和措施，完善数字化转型的顶层设计，发展一体化数字服务系统，推进基于数据管理和应用的决策体系，建设高等教育数字化基础设施体系，提升高校师生的数字化素养和数字化管理能力。《高等教育与科技产业的数字化转型战略》强调高等教育数字化变革的"服务"属性，既呈现高等教育现代化的根本理念，也体现教育数字化价值理性的追求，通过集中领导、多方协同、项目化驱动、评价体系建设等途径来确保该战略得以顺利施行。

三、对我国大学治理的启示

（一）构建中国特色大学治理体系

大学治理必须植根于自身的国情、教情。我国应坚持社会主义办学方向和党对教育事业的全面领导，立足国家战略和社会经济发展需求，坚定为党育人、为国育才的根本目标，全面推进教育强国建设，从实现中华民族伟大复兴战略高度审视新时代大学治理问题；应准确把握我国高等教育发展的历史与现实，统筹国内国际教育形势变化，回应"教育强国建设，高校治理何为"的历史之问、时代之问，充分发挥我国高等教育的政治优势和制度优势，着力加快大学国际竞争力的提升速度和现代化发展进程；应进一步完善中国特色现代化大学制度体系建设，坚持"党委领导下的校长负责制"，探索教授治学治校的有效途径，不断拓宽教职工和学生深度参与学校治理和民主决策的渠道，提升大学内部治理的民主化、科学化水平。

（二）注重内外部治理结构的系统整合

应基于国家和社会现实的全局视野开展前瞻性布局，重视高等教育在经济社会发展中的先导性作用，积极借鉴世界教育强国的高等教育治理经验，注重系统性完善外部治理结构和内部治理结构的契合模式。在外部治理层面，不断加强教育法治建设，以依法治校为基础，协调政府、市场、社会与大学的关系，由传统的纵向管理思路转向多方共治的治理逻辑，进一步优化政府的教育治理职能，不断深化高等教育领域简政放权，为高校办学的自主权和主体地位容留充分的外部空间；应完善教育资源配置的市场效率优势和市场调节作用，鼓励高校以市场和需求为导向，促进横向治理方式的改革创新；加强大学治理的外部监督机制建设，把握好权力下放和有效监管的协调尺度；建立健全社会监督评价和社会育人协同机制，扩大高校的社会开放范围，构建大学内部与外部治理多元主体间的新型关系，探索全社会共同参与大学治理的中国特色模式。在内部治理层面，应坚持以内涵式发展为引领，持续规范大学章程建设，提高依法依规治校水平，完善治理结构，明确内部权力边界，由管理思维向服务思维转变，优化学术与行政的并行模式，构建教师、学生和管理团队间的和谐关系；加大教育教学改革力度，加强课程、教学和师资建设，全面激发大学治理行稳致远的内生动力。

（三）提升高等教育治理的数字化水平

数字技术的快速发展深刻改变并重塑着教育理念、教育模式和教育形态。应充分把握数字技术的发展为教育带来的历史性机遇和前所未有的挑战，认真审视教育治理数字化和数字教育的治理问题，以数据驱动和智能升级创新高等教育治理模式，积极进行数字治理的探索与实践，不断促进数字化治理体系和治理能力升级，增强高等教育发展的动力和活力。要准确评估数据应用的安全风险，坚持发展和安全并重，促进创新和依法治理相结合的原则，支持教育和科研机构在技术创新、资源建设、转化应用、风险防范等方面开展深入合作；通过数字技术和数据效能支撑教育管理效率和教育决策科学化水平，提升教师的教书育人能力和因材施教水平，并在学生服务、师生综合评价、教育资源分配、教育质量评估、绿色校园建设等方面发挥重要作用。要切实提升高校的数字化管理能力和教学研究能力，实现校内业务协同、流程优化和结构重塑，提高教职工数字化教学能力，优化教育教学模式和测评方式，全面提升教育教学质量。

第 2 期
英国高校内部治理机制研究：
以圣安德鲁斯大学为例

李玮姝

内容提要

英国高校内部治理机制获得国际社会普遍认可，其中圣安德鲁斯大学较为典型。圣安德鲁斯大学是英国六所古典大学之一，享有国际盛誉，其内部治理严格遵循相关法规与章程，内部治理结构由理事会、学术评议会（学术委员会）、总务委员会构成。圣安德鲁斯大学内部治理机制的特点包括校内人员与校外人员共同决策、行政管理与学术治理的权力分离、学术自由与学术规范的有机统一等。

圣安德鲁斯大学（University of St Andrews）闻名遐迩，与爱丁堡大学同为苏格兰最古老的大学。圣安德鲁斯大学在英国本土三大高校排名中常年位居苏格兰第一、英国前三，并且有众多国际知名校友，如法国政治家让-保尔·马拉（Jean-Paul Marat）、美国开国元勋詹姆斯·威尔逊（James Wilson）、诺贝尔奖得主爱德华·詹纳（Edward Jenner）和彼得·卡皮察（Pyotr Kapitsa），以及英国威廉王子（Prince William）等。圣安德鲁斯大学不断完善的内部治理机制，不仅为学校高质量发展提供了保障，也对我国完善高校内部治理结构具有一定参考价值。

一、圣安德鲁斯大学内部治理体系的演变

圣安德鲁斯大学是苏格兰第一所大学，建于1413年。15世纪前，苏格兰没有大学，苏格兰青年普遍前往英格兰的牛津大学与剑桥大学、法国的巴黎大学与奥尔良大学求学。15世纪初，因苏格兰学生生源充足、社会教育氛围浓厚，国王甚至在信件中表示资助在巴黎大学求学的苏格兰贵族子弟，故苏格兰建立大学的呼声愈发强烈。与此同时，圣安德鲁斯城因拥有壮观的主教宅邸和传承几代的修道院，而成为最具潜力建立大学的城市。1410年，部分毕业于巴黎大学的苏格兰神职人员在圣安德鲁斯城成立了高级教师团体。1411年，圣安德鲁斯城主教亨利·沃德洛（Henry

Wardlaw)授予圣安德鲁斯高级教师团体特许状。1413年,本尼狄克十三世(Benedict XIII)颁发法令,确认并扩展了圣安德鲁斯大学的特许状,圣安德鲁斯大学得到了教会认证。

圣安德鲁斯大学建立初期,其内部治理体系仿照了巴黎大学。首先,在管理学生方面,圣安德鲁斯大学按照巴黎大学的模式,根据生源地域将学生分为四个同乡会,每个同乡会由一位代理人管理。其次,大学最高负责人为校长。校长由四个同乡会的高级成员选举产生,校长候选人必须是有名望的、担任圣职的硕士或博士。校长召集大学全体大会,监督大学纪律,拥有广泛职权,并有助手协助。再次,校长之上设有名誉校长。1413—1689年,名誉校长均由圣安德鲁斯城主教或大主教兼任。名誉校长负责大学整体监管、任命常务副校长、授予学位证书、招收教师等事务。最后,监察官负责保护大学特权。监察官主要由圣安德鲁斯大学领班神父担任。16世纪宗教改革后,圣安德鲁斯大学取消了监察官职位。

18世纪后,圣安德鲁斯大学改革了内部治理结构。1689年,大主教离开圣安德鲁斯城。18世纪初期,美洲殖民地对苏格兰开放,苏格兰的贸易与工业逐渐集中于大城市,圣安德鲁斯城日渐衰落,圣安德鲁斯大学财政日益吃紧,难以吸引外地学生前来求学。为振兴大学,圣安德鲁斯大学整合学院,改革内部治理结构。改革后,圣安德鲁斯大学主要包括四个机构,即全体大会、学术委员会、联合学院与圣玛丽学院、文学院,其中,全体大会负责选举校长,学术委员会负责管理学术事务,联合学院与圣玛丽学院、文学院管理本学院。

进入19世纪，圣安德鲁斯大学正式成立理事会与总务委员会。1858年，为改善大学的管理与风纪，苏格兰颁布《1858年苏格兰大学法》[Universities（Scotland）Act 1858]，该法案要求，包括圣安德鲁斯大学在内的苏格兰所有大学须成立理事会与总务委员会。《1889年苏格兰大学法》[Universities（Scotland）Act 1889]规定，理事会为圣安德鲁斯大学的最高管理机构，拥有任命教授、建造校舍、代表大学接受捐赠等权力。

20世纪以来，圣安德鲁斯大学的内部治理体系日臻完善。依据《1932年苏格兰大学法》[Universities（Scotland）Act 1932]与《1953年圣安德鲁斯大学法案》（The University of St Andrews Act 1953），圣安德鲁斯大学重组了内部治理体系。《1966年苏格兰大学法》[Universities（Scotland）Act 1966]与《2016年苏格兰高等教育治理法》[Higher Education Governance（Scotland）Act 2016]确立了圣安德鲁斯大学的内部治理机制，即圣安德鲁斯大学的内部治理工作主要由理事会、学术评议会（学术委员会）、总务委员会承担。

二、圣安德鲁斯大学的内部治理结构

（一）理事会

理事会是圣安德鲁斯大学内部的最高行政管理机构，其日常工作严格遵循《1858年苏格兰大学法》《1889年苏格兰大学法》《1932年苏格兰大学法》《1966年苏格兰大学法》等法律法规和《圣安德鲁斯大学理事会成员指南》（University of St Andrews University Court: Court Members' Handbook）等章程。

1. 理事会的成员

（1）理事会成员构成。圣安德鲁斯大学的理事会由理事会成员与常设委员会组成。首先，理事会主席由校长担任，理事会其他成员包括资深校外人士、副校长、理事会副主席、名誉校长助理、校长助理、法夫郡（Fife）教务长、总务委员会代表、学术评议会（学术委员会）代表、非学术代表、工会提名成员、学生会代表、增选非执行成员（最多8名）。其次，常设委员会包括审计与风险委员会、治理与任命委员会、规划与资源委员会、薪酬委员会。此外，理事会为确保工作得到双重保障，在常设委员会之下成立了各类保障小组，如审计与风险委员会下设学术保障小组、健康与安全保障小组、大学伦理与科研诚信保障小组，规划与资源委员会下设投资与财政保障小组。

（2）理事会成员行为准则。《圣安德鲁斯大学理事会成员指南》由主要人员、章程、更多信息三部分构成，适用于理事会全体成员。该指南对成员行为准则做出了明确规定。该指南要求，理事会成员必须出席理事会会议，或参加会前晚宴及会前讨论；理事会成员有义务仔细研读会议拟审议文件，并倾听资深校外人士、理事会行政主管、文件撰写者的说明；确保理事会主席听取理事会的讨论意见；保证圣安德鲁斯大学的最大利益；诚实、公开、客观地参与学校管理；参与会议表决时须客观投票，表决结果采取少数服从多数原则；参与常设委员会管理工作时，须坚守诚实、开放、客观等品质。

此外,《圣安德鲁斯大学理事会成员指南》还对理事成员的公共生活伦理标准做出如下规定:①成员有义务维护法律与公众对成员的信任,并依法管理学校;②成员应拥有无私的品质,一切从公众利益角度出发;③成员应廉洁公正,禁止贪污受贿;④在问责与管理方面,成员的决定与行为应对公众负责,并接受工作审查;⑤成员应确保工作的透明性,除特定情况外应尽可能公开其关于工作的决定与行为;⑥成员应拥有诚实的品质,并有义务申报与其公共职责相关的私人利益;⑦成员应通过领导力与模范榜样促进与鼓励道义操守;⑧成员应保持相互尊重,须尊重同事以及同事的职责,待人接物保持礼貌;⑨成员在履行职责时,须尊重公众。

2. 理事会的权力与作用

《1858年苏格兰大学法》标志着圣安德鲁斯大学理事会正式成立;《1889年苏格兰大学法》《1922年苏格兰大学法》[Universities(Scotland)Act 1922]《1932年苏格兰大学法》《1966年苏格兰大学法》规定,理事会为大学最高管理机构,赋予理事会制定战略、行政治理、执行控制等法定权力。《圣安德鲁斯大学理事会成员指南》进一步明确了理事会权责,确保理事会能有效发挥作用。

圣安德鲁斯大学理事会的主要权力包括:①管理大学的收支与财产,接受捐赠。理事会有权购买、出售、处理大学资产,借款,抵押资产,交易投资,组建公司,进行商业交易等。②监督行政管理、财物。③任命校长。④与学术评议会（学术委员会）、总务委员会商议后，改进学校内部治理结构。⑤任命其他教职员工。⑥谴责、停职、解雇教职员工。⑦管理教职员工薪酬。⑧管理学生学费及拨款。⑨配合学术评议会与总务委员会履行职责。⑩审议学术评议会与总务委员会的文字材料与报告。⑪审议学术评议会的决策。⑫编写年度报告。⑬处理就职权范围内的所有事项，制定、修改与撤销法令、决议与条例。⑭规定理事会或其他机构的成员人数等。

圣安德鲁斯大学理事会负责制定战略、决策，具体职责包括以下几方面。

（1）战略目标。批准大学主要优先事项，如战略计划、长期学术计划和商业计划；批准财务、房地产、人力资源和学生培养方案；确保大学战略方向与愿景符合利益相关者的利益，其利益相关者包括学生、教职员工、校友、地方与国家社区以及资助机构。根据已批准的计划与关键绩效指标，监督大学绩效与效率。促进并维护大学声誉与价值观。

（2）关键决策。就重大议题做出最终决定。根据学术评议会的建议，制定新学位规定。

（3）与领导层、学术评议会的职责关系。任命大学校长，制定任命条款与条件。监督校长。审查学术评议会的决议及其对教育教学、科学研究和学校纪律的影响。

（4）行使管理权。确保大学适当使用公共资金，并遵守大学与苏格兰资助委员会之间达成的财务条款。确保大学财务健康，保护大学资产及其使用。确保大学建立有效的内部管理和问责制度。监督大学内部与外部审计工作。确保大学各级风险评估与管理程序适当有效。批准大学年度财务报表以及财政政策。确保学生、教职员工与其他工作人员的健康和安全。保障学生、教职员工和其他工作人员的平等权利。通过定期治理评估，监测自身与各委员会业绩。

（5）共同责任。作为法律权威，确保大学履行所有法律义务，包括以大学名义签订的合同，以及其他法定义务。授权聘用大学所有教职员工，并保障教职员工的福利、发展与奖励。为学生提供一般福利。担任资助大学工作与福利的财产、遗产、捐赠、遗赠或礼物的受托人。确保学校运行符合圣安德鲁斯大学的法案、条例、决议以及大学章程。确保学校行为遵守道德规范，并且尊重整个社会。

3. 理事会的运行规则

（1）理事会会议。理事会例会通常每学年举行四次，举办月份一般为1月、4月、6月、10月。理事会成员须出席理事会例会前的晚宴。理事会还可举行特殊会议，该会议可通过理事会决议召开，也可根据理事会主席、校长或五名理事会成员签署的请愿书召开。除特殊情况外，召开特殊会议须至少提前五天通知理事会成员。例会与特殊会议均可休会，直至商定新的日期。

（2）理事会会议议案。为合理规划议程，理事会成员须及时将拟提议案以书面形式传达给执行干事。修正案须排在关联议案前，当有两条及两条以上修正案时，由理事会主席决定修正顺序。修正案不得直接否定原议案，不得随意撤销理事会关于议案的决定。除多数参会成员要求进行无记名投票外，会议投票一般采取举手表决方式。参会成员在附议议案与修正案时，若未即刻发表意见，会议将保留其稍后发言的权利。

（3）理事会会议文件。执行干事负责会议纪要，并将纪要与下一次会议议程分发给成员。除了薪酬委员会文件，所有会议纪要均应在理事会共享门户网站发布。理事会成员可通过大学单向登录系统查看文件，理事会办公室将提供理事会门户共享网站链接。按照信息公开、透明原则，非理事会成员可通过既定信息发布程序查看会议文件，具体操作将发布于圣安德鲁斯大学官方网站。

（4）暂停执行、修正、废除议事程序。除参会成员达到法定人数且有三分之二成员表决批准外，否则不得暂停执行、修正、废除议事程序。

（5）设立特别委员会。特别委员会在理事会会议间隔期运行，拥有紧急事项决策权，但须事先与理事会沟通。特别委员会的人员构成如下：校长、副校长、名誉校长助理；资深校外人士、理事会中间人、非理事会成员；学生会主席、学生会教育主任、校长助理等。

4. 常设委员会

（1）审计与风险委员会。审计与风险委员会审查学校财务事项与战略风险，审查并改进学校风险防控方法，编制年度审计与风险报告，向理事会提供相应建议等。审计与风险委员会下设学术保障小组、健康与安全保障小组、大学伦理与科研诚信保障小组。

（2）治理与任命委员会。治理与任命委员会的主要职责为任命理事会资深校外成员，向理事会提供有效的治理建议。

（3）规划与资源委员会。规划与资源委员会负责批准并监督大学主要拨款与预算规划，资源与风险管理，向理事会提供相关建议。规划与资源委员会下设投资与财政保障小组。

（4）薪酬委员会。薪酬委员会旨在确保大学教职员工的薪酬分配公平、适当、正当，保证薪酬透明度。

（二）学术评议会（学术委员会）

1. 学术评议会（学术委员会）的人员构成

圣安德鲁斯大学在2019—2020学年结束前，学校的学术事务统一由学术委员会负责。2020年9月，根据《2016年苏格兰高等教育治理法》的要求，圣安德鲁斯大学学术委员会正式改组为学术评议会，学术评议会由校长领导，是圣安德鲁斯大学的最高学术治理机构，负责规划、协调、发展与监督学校的学术工作；学术评议会由主席、校长、学术人员代表、学生代表及其他人员构成；学术人员代表与学生代表人数应占学术评议会总人数的50%以上，但学生代表人数不得超过30名。

学术评议会成员主要来自艺术与神学、生命科学、物理科学、社会科学四个科系。艺术与神学科系包括：艺术史、古典学、神学、英语、英语教学、历史、现代语言和哲学、人类学与电影研究学院；生命科学科系包括：生物学、医学、心理学和神经科学学院；物理科学科系包括：化学、计算机科学、地球与环境科学、地理与可持续发展、数学与统计以及物理与天文学院；社会科学科系包括：商学院（经济、金融和管理系）和国际关系学院。

2. 学术评议会（学术委员会）的职权

《1889年苏格兰大学法》规定，学术委员会的职权包括：规范和监督大学的教学和纪律，推动大学科研发展；直接监管隶属于大学及学院的图书馆或博物馆等机构；确定学术委员会成员名单与人数；接受所有学术事务报告，经大学理事会审查后，确认、修改或拒绝学术事务报告的相关建议。《1966年苏格兰大学法》规定，学术委员会有权促进大学科研工作；学术委员会有权规定有关机构的成员名单、人数和职权。圣安德鲁斯大学1994—2001年的《决议与条例》（Resolutions and Regulations）规定，学术委员会有权向达到毕业标准并交清学费的学位申请人授予本科学位、物理硕士学位、工程硕士学位和工程博士学位，制定学位标准。

3. 学术评议会（学术委员会）的规则

学术评议会（学术委员会）负责圣安德鲁斯大学的内部学术治理，讨论学校学术战略，以及学校科研、教育教学事务、学生学业等，每年举行四次例行会议，即每学期举行两次会议。

艺术与神学、生命科学、物理科学、社会科学四个科系的学术评议会（学术委员会）成员，须代表全体教职员工利益，而非私人利益。其具体职责如下：①征求意见：当选成员有责任征求各自科系教职员工的意见、观点和需求。②表达意见：当选成员有义务提出最符合其科系和整个大学利益的议案，审查与批准提交给学术评议会的所有学术文件与政策，并提出关切。③设立工作组：当选成员作为集体机构，可建立长期工作组，也可特设非正式工作组处理具体问题。④推进学术治理与联络沟通：当选成员有义务推进与加强大学学术治理；每位当选成员均有义务关注他们所代表的科系、整个大学以及苏格兰更广泛的社区利益与需求；当选成员应定期与其科系的同事、核心小组的其他成员联络，有效履行职责，高效传达教职员工的担忧与需求。

（三）总务委员会

圣安德鲁斯大学总务委员会依据《1858年苏格兰大学法》设立，但其相关章程已被随后的法律法规大幅修改。目前，总务委员会就影响大学福祉的一系列问题提供建议，是圣安德鲁斯大学高级学者与校友参与学校治理的机构，并且内设商务委员会。

1. 总务委员会的人员构成

《1858年苏格兰大学法》规定，大学总务委员会由校长、理事会成员、教授和各科系代表组成。《1922年苏格兰大学法》规定，大学讲师与高级讲师若在学校任职满一年，在其继续担任该职位期间，即可成为学校总务委员会成员，并有权享有总务委员会成员的所有权利。目前，圣安德鲁斯大学总务委员会由校长兼任主席，成员包括毕业生与荣誉毕业生、理事会成员与前成员、教授与已退休教授、任职一年以上的讲师与高级讲师、前任讲师与前任高级讲师（任职期间为总务委员会成员，并在大学工作至退休）。

2. 总务委员会的职权

《1966年苏格兰大学法》规定，总务委员会有权就特别事项召开特殊会议；总务委员会有权更改委员会的成员数量；总务委员会有权确定相关机构的权力，以及其成员与法定人数。总务委员会还负责审议影响大学福祉的广泛问题，并与大学理事会、圣安德鲁斯大学校友社区进行沟通。此外，理事会拟审议的所有大学条例与决议草案，均由商务委员会传达给总务委员会；对总务委员会提出的相关意见，理事会有义务做出回应；理事会做出最终决策前，须考虑总务委员会的意见。

3. 总务委员会的规则

（1）例行会议。总务委员会每年举行两次例行会议，会议召开时间一般为6月毕业季的最后一个星期六，以及临近圣安德鲁节（Saint Andrew's Day）的星期六，但可依据具体情况随时更改会议召开日期。

（2）特别会议。特别会议须由商务委员会提议，且获得半数成员同意后由会议秘书召集。

（3）法定人数。法定人数为20人。

（4）会议通知。会议通知须以书面形式在会议召开前八天提交给会议秘书，会议通知不能超过50个单词且需提案成员签署姓名。

4. 商务委员会

（1）商务委员会的人员构成。商务委员会为总务委员会的内设机构，由当选成员、当然成员、特殊设置的增选成员组成。当选成员任期为四年，可连任两届，但连任两届后，两年内不得再担任当选成员或增选成员。当然成员包括校长、理事会名誉校长助理、理事会总务委员会助理、总务委员会例行会议以及其他常设小组委员会的召集人、校友代表。商务委员会还包括特殊设置的增选成员，即商务委员会出现成员空缺、成员在任期届满前离职、参加选举的候选人数量不足时，商务委员会可增选一名新成员填补空缺。此外，当选成员与增选成员总数不得超过12人，增选成员应任职至下一轮选举，且届时将有资格作为候选人参选。

（2）商务委员会的职责。商务委员会每年举行三次例行会议，其职责为组织总务委员会职权范围内的业务，制订业务计划，以及在紧急情况下代表总务委员会行使职权。为更好履行职责，商务委员会也可下设一个或多个小组委员会。商务委员会向小组委员会授予一定职权，也可随时调整小组委员会的职权范围。小组委员会由当然成员与委任成员组成，当然成员包括商务委员会召集人与副召集人等。委任成员主要为商务委员会的当选成员与增选成员，占小组委员会成员多数。

三、圣安德鲁斯大学内部治理机制的特征

（一）校内人员与校外人员共同参与决策

民主管理是现代大学制度的一项重要内容，校内与校外人员共同参与决策是高校内部治理民主化决策机制的重要体现。

圣安德鲁斯大学内部治理结构涉及多种权力和利益群体。例如，理事会成员包括学校高级领导层、学术评议会（学术委员会）代表、总务委员会代表、学生代表等校内人员，以及资深校外人士、法夫郡教务长等相关校外人员。会议议决学校重大事项，参会的校内与校外成员均可发表意见，最终结果以举手表决或无记名投票形式进行决议。圣安德鲁斯大学的校内与校外人员共同参与决策，确保内部治理坚守多元治理和多方参与的原则，保障决策的科学性与有效性。

（二）行政管理与学术治理的权力分离

行政权力与学术权力构成大学内部治理的基本结构，但高校内部的学术权力与行政权力具有各自的合理性与局限性，因此，为确保内部治理取得成效，高校行政管理与学术治理应协调匹配、共同作用，以此保证大学在整体稳定有序的状态下不断发展。圣安德鲁斯大学根据分权制衡理论，内部治理分工明确，采用行政管理与学术治理"双轨并行"的治理模式。

圣安德鲁斯大学理事会行使行政管理权力，学术评议会（学

术委员会）行使大学学术治理权力，二者相互分离。圣安德鲁斯大学依据《1858年苏格兰大学法》《1889年苏格兰大学法》《1932年苏格兰大学法》《1966年苏格兰大学法》《2016年苏格兰高等教育治理法》和《圣安德鲁斯大学的决议与条例》《圣安德鲁斯大学理事会成员指南》，对理事会与学术评议会（学术委员会）的地位与权责给予了清晰界定，即理事会为大学最高行政管理机构，下设不同领域的常设委员会，主要负责学校的整体运行，如管理学校财产、招聘教职员工、防范学校风险等；学术评议会（学术委员会）为大学最高学术治理机构，主要负责制定学术计划、批准入学、授予学位等。虽然理事会有权审议学术评议会（学术委员会）的决议，但理事会并不干涉学术评议会（学术委员会）。理事会与学术评议会（学术委员会）各成体系，相互制衡。

（三）学术自由与学术规范的有机统一

学术自由有赖于学术规范，圣安德鲁斯大学的学术自由与学术规范相辅相成，构成了大学学术发展的张力，净化了学术生态秩序，释放了学术活力，推动了大学高质量发展。

圣安德鲁斯大学维护学术自由与学术规范的有机统一。1988年，圣安德鲁斯大学的校长同欧洲其他国家的388名大学校长在博洛尼亚签署了《大学大宪章》（Magna Charta Universitatum），该文件致力于倡导学术自由与机构自治。《2005年苏格兰继续教育和高等教育法》[Further and Higher Education (Scotland) Act 2005]与2020年最新版《大学大宪章》再次重申了保护高校学术自由的原则。基于此,圣安德鲁斯大学多次在官方文件中重申学术自由的重要性,并为学术研究提供空间与平台。同时,圣安德鲁斯大学授权学术评议会(学术委员会)制定学术规范职责,如规范与监督大学科研、管理教育教学与科研机构、审议学术报告、授予学位,以及召开例行会议确保学校各类学术事务有效运行,为学术研究提供基本的伦理准则与研究方法。

第 3 期
美国高校治理模式与发展趋势

沈倬丞

内容提要

美国高等教育体系庞大，主体类型多元，但无论何种属性的高等教育机构，均拥有较完全的办学自主权和自治地位。美国作为联邦制国家，尽管各州对高等教育的治理架构不尽相同，但基本以"共同治理"为主要逻辑，体现了美国宪法分权体制和联邦主义的多元治理结构。美国高校治理体系总体上可从外部治理和内部治理双重维度审视，具有政治弱化、权力分享、多方制衡、市场选择等特点，形成了较为完备的法治化、自治化、民主化和数字化机制。

一、纵向外部治理：规制与自治的结构性平衡

美国高校的外部治理具有纵向与横向两个维度。从纵向来看，美国宪法未赋予联邦政府直接教育管辖权，而《美国宪法第十修正案》(Tenth Amendment to the U.S. Constitution) 规定，宪法未授予联邦或未禁止各州行使的权力由各州或各州人民保留。因此，美国高等教育办学的主要权限集中在州级层面，联邦政府无高校的举办权，更不能直接控制办学行为和高校内部决策，而是依托联邦法律和各类资助措施对高校办学产生间接影响，并使高等教育为国家目标和优先事项服务。具体来看，联邦政府对高等教育的治理通常有四种手段：①涉教立法；②通过司法解释和司法制裁等途径介入治理；③通过对高校的财政开支和资助提出附加条件，间接影响高校的办学导向；④利用行政命令等手段开展管控。有学者指出，近年来美国高等教育已进入合规时代，联邦层面的立法、行政法规已几乎覆盖高校行政管理的方方面面。

相较于联邦政府，各州政府对高校办学的影响力更强且更直接。美国宪法将教育直接管辖权赋予各州，各州政府根据州议会立法履行独立完整的高校治理职能，是高等教育法理上的责任主体。州政府的治理途径主要是通过法律和财政拨款对高校进行调控。鉴于各州的独立地位与相异州情，高校治理的法律依据不尽相同，各州在高校的管辖和治理深度与广度上存在显著差异。

美国《高等教育法》第1202条要求各州建立高等教育治理委员会等治理或协调机构。根据学者研究统计，依照美国各州高等教育管理或协调部门的职能范围和管辖特点，可将美国各州层面的高校治理模式划分为三类：①直接管辖型。即由治理委员会等机构统筹治理州内各类高校，履行完全或部分高校董事会职责，此类治理模式在各州中的占比约为44%。②综合协调型。即在州内设立高等教育协调委员会等机构，承担所在地区高等教育治理的协调职能，包括处理州政府与高校之间、各高校之间的纵向和横向利益关系，协调各自需求，主导规划本地区高等教育发展，权力下放更为宽泛，高校治理的主要职能赋予学校董事会。此类治理模式在各州中的占比约为48%。③自发民主型。即州政府不设立具有法定管辖权或具有协调服务职能的高校治理机构，而是由本州高校自发协商组建高等教育协会来实现治理职能，范围涵盖高等教育宏观发展、经费预算、学科设置及评估等。这种模式目前仅在个别地区被采用。

总体而言，美国联邦政府和州政府，以及各种专门设立的非政府组织是高校外部治理的上位主体，但上述三者均不能对高校内部自治施以直接控制。美国联邦政府的主要治理逻辑是宏观方向把控，其直接治理职能有限。州政府和公立高校之间表现出多元复杂的权力关系，由州政府依法建立的法人—董事会结构是公立大学内部治理的重要基础，但一般而言，州政府亦不干预高校的学术自由和内部学术治理，与私立高校的权力关系则更为疏远。

二、横向外部治理：高等教育的大众化与市场化驱动

近年来，美国公立大学与政府之间的关系仍保持为比较松散的状态，高等教育大众化与市场化趋势加大了社会第三方机构在高校外部治理中的影响力，高校与各类基金会、评价机构、企业加速互动，高校自治与市场化机制结合，美国大学形成了政府引导、社会参与、公共选择与大学自主管理有机融合的特征，构成了一种各行动主体良性联动的横向多元治理结构。

具体来看，美国拥有大量的高等教育协会，这些协会通过自身专长不断促进和引导行业发展，成为政府、高校和社会了解高等教育发展趋势和信息的具有可信度的机构，以及确立和完成高等教育发展重大议题的重要伙伴。目前，美国较知名的高等教育协会有美国教育理事会（American Council on Education）、美国大学协会（Association of American Universities）、美国社区学院协会（American Association of Community Colleges）、公立和赠地大学协会（Association of Public and Land-Grant Universities）、全美独立学院与大学协会（National Association of Independent Colleges and Universities）、美国州立学院与大学协会（American Association of State Colleges and Universities）等，上述协会均具有影响联邦高等教育政策的能力。此外，一些公益性基金会也通过多种渠道对高等教育发展产生影响，包括研制各类教育评价体系和标准、编撰和发布高等教育研究报告等形式，如卡内基教学促进基金会（Carnegie Foundation for the Advancement of Teaching）发布的《高等教育为国家服务》等报

告对国家教育政策制定产生了重要影响。此外，公益性基金会也是美国高校科学研究和教育发展政策研究的重要经费来源。

由第三方评价机构主导的大学排名在当代全球高等教育体系中广受追捧，也饱受争议。但不可否认，大学排名对大学治理、知识生产和招生就业带来了深远影响。大学排名作为一种"治理术"，起源于20世纪初的美国。伴随美国"小政府、大社会"的社会生态及高度市场化的高等教育体系，大学排名的影响力迅速席卷全美乃至全球。有学者认为，大学排名是当代新自由主义在高等教育蔓延的产物，也体现了美国式思维中数据崇拜和统计文化的特点。大学排名主要通过可量化的评比引导竞争，对大学内部学术和人事管理产生影响。据统计，目前较知名的世界大学排名有二十余种。对美国高校而言，除全球性排名外，由《美国新闻与世界报道》（U.S. News & World Report）开发的"全美最佳大学排名"是最具权威性和影响力的大学排名之一，该榜单也是全球历史最悠久的大学排名，既是美国国内学子、国外留学生在择校时参考的重要指标，也是用人单位和国外机构开展各类认证的重要参照。

美国高校与工商界联系密切。美国高校实行董事会制度，董事会成员中约有半数来自工商界，通过这些董事将高校内部治理与企业建立关联。此外，企业委托与捐赠在高校日常运行和科学研究资金来源中的占比日益增加。与企业建立合作关系是美国高校的常规运作方式，成熟的校企合作能为科学研究提供更广阔平台，一些大学教授在企业中兼任技术或科研职务，既能拓宽高校科研经费的来源，也可增加产学研联动和学生就业渠道。

三、内部治理："三驾马车"共治

内部治理结构，是指维系大学内外部利益主体之间协作与制衡关系，并提供相应激励和约束机制的权力规则和组织架构。美国高校内部治理以高校法人特许状、大学章程等为基准，即高校各级各类治理机构应视特许状、章程为"大学宪章"。内部治理权力由"三驾马车"，即董事会、校长行政团队、教授会（或称教授委员会、学术委员会、学术评议会等）共同担纲，三者在实际办学中各有侧重，其职能行使不受外部力量的直接管控，分别独立实现治理职能，从而有效保障了高校的自治地位，逐渐形成了具有美国特色的高校自治文化。

在"三驾马车"中，董事会是美国的高校法人和最高内部治理权力机构，也是大学名义上的所有者。美国高校董事会制度从苏格兰早期学院引入，经过长期发展，已成为美国高校内部治理发展最重要的实践成果。董事会全权负责高校办学的各项重大决策，包括校长和行政团队的选拔、任命和监督，制定本校发展规划，开展招生等工作。董事会的职能通常限于学校的宏观治理，下放大部分行政权力，但保留了财务、学术活动、人事任免等工作的最终决定权。

目前，全美约四分之三的高校已建立了较为完善的董事会制度。一般来说，高校董事会成员来自社会各界，包括学校领导、政府教育行政人员、工商界人士、社会捐赠人、知名学者等。一些大学的董事会还包括学生董事。私立高校自行组建董事会，由校友及董事会成员选举或推荐产生。私立大学董事会规模通常较大，比如斯坦福大学董事会由包括校长在内的38人组成。公立大学的董事会成员一般由州政府任命，包括本州公民；也有一部分州级政府行政官员。据统计，美国排名前20的高校董事会成员人数在19—72人之间，平均人数约为40人。

尽管美国高校的董事会制度已十分成熟，但近年来由于招生竞争加剧、公共资金削减、财务管理压力增加等挑战持续增强，加之远程和数字教育快速发展带来的诸多治理变革，美国高校董事会制度也面临更多的改革需求。这些需求包括丰富和转变职能，提高决策效率，改善与行政部门间的协调机制，完善内部结构和提升成员多元性等。

校长为首的行政管理团队执掌高校事务的常规运行和发展，执行董事会的战略决策和工作部署，受董事会监督，是高校内部治理的核心层级。校长通常是大学的首席行政职员，由董事会根据学校发展需要遴选和任命，全权主导各项行政和外联事务，直接向董事会负责。作为董事会与教师、学生和其他职工之间的纽带，校长有权作为代表向董事会表达合理诉求。同时，校长也是高校面向其他社会组织和公众的代表，并且应以适当的方式寻求校外机构支持学校发展，争取和吸纳科研经费，与校友和毕业生保持沟通协作，发展各类社会关系等。

从垂直层面看，美国高校行政体系通常为"学校—学院—学系"垂直架构。学校和学院两级分担主要行政职能，学系层面只承担少量行政职能。学校层级除校长之外，还包括教务长和分管学术工作、对外联络工作、学生工作、财务工作等方面的副校长，此外还有法律顾问和大学秘书等。学院层级主要负责学院内部的学术和行政事务，一定程度上参与学校的行政事务。院长一般由校长聘任，并依照分工组建院级行政团队。学系负责学院内各学科的专业教学和科研工作，系主任可由院长直接任命。

教授会主要负责落实高校学术职能，决定高校学术事务与规范，代表教师执掌学术权力系统，行使相关政策的制定权、审查权、修订权和建议权等，与行政管理团队共同实施大学的学术发展和人才培养目标，发挥学术顾问作用，是教授治学和参与高校管理的途径，也是教师群体融入学校各项事务以及表达诉求与意愿的方式。教授会不是直接决策机构，亦受董事会的政策框架制约，其做出的相关学术决议通常要经过董事会批准或终审，但董事会一般不会妨碍教授会基于学术自由做出的决策。

从决策思维模式看，董事会的决策导向聚焦社会需求，注重实现学校的社会职能。教授会的决策体现业务逻辑，聚焦人才培养，维护学校的学术声誉和学术发展。董事会与行政管理团队是垂直关系，教授会与行政管理团队是并行轨道关系，行政管理团队主导的行政事务轨道为教授会的学术治理轨道以及学校的运行和发展提供保障。教授会亦不受校长行政团队制约，而是基于自身功能独立发挥作用，成为与董事会、行政管理团队分享内部治理权的关键力量。从选拔规制来看，教授会成员通常选自具有终身教职身份的长聘教授、副教授，教授会主席由全体成员投票选出。

从职能运行来看，不同高校的教授会在地位和作用上存在一定差异，大致可以划分成以下三种模式：①基本学术治理模式。此类教授会的权限聚焦在学术范畴，如教学安排、教师职称评定、终身教职聘任及学术标准制定等，而在学术治理之外的范畴参与程度较小。②全面覆盖模式。这种模式下，教授会除享有基本的学术治理职能外，还对学校行政管理等非学术领域事务具有强势影响，涉及财务规划、校长和行政团队人员任命等。③名义治理模式。这种模式的教授会职能较为空泛，只限于名义治理，而无实质性权力。此类学校中，校长和行政管理者的权力通常较强。此外，一些学校的教授会虽积极参与学校治理事务，但与行政管理团队无法形成有效协作，甚至使学术团体与行政管理团队产生一种相斥和对立关系，教授会无法有效发挥治理作用。

除"三驾马车"以外，学生作为高校治理的利益相关群体，参与治理的程度逐渐加深。自20世纪中后期以来，美国高校广泛组建学生自治团体。各高校此类组织的名称各异，如学生会、学生政府、学生评议会等，尽管名称有别，但团体的属性和功能基本一致。这些团体设有执行委员会或主席团，在人员职位上设置主席、副主席和各分委员会负责人。主席作为学生团体领袖，代表学生利益，是学生群体和学校行政管理机构、学术和教师团队之间的重要协调者。随着学生群体社会话语权的不断提升，其参与学校治理的深度和广度亦持续增加，许多高校甚至将一些基础性学生事务决策权赋予学生团体。此外，一些高校赋予学生更高级别的参与治理权利，即具有投票权的学生董事资格，此类情况在全美大学中的占比约为20%，多存在于公立大学中。

总体来看，美国高校内部的董事会、行政团队、教授会及学生团体等治理主体或机构的决策权、行政权、学术权和民主生活权相互交织，在长期实践中形成了一种动态稳定的内部治理机制。

但从另一个角度看，高校治理过程本身受到多重因素影响，涉及不同治理主体和多层次群体，在不同校情和治理逻辑之下，各校亦形成了特有的治理文化，"三驾马车"的运作机理和结构有所差别，因此，不存在两所高校治理机制完全相同的现象。不同治理结构下的高校内部治理机制呈现各自特色，一般来说，可被归纳为垂直式、扁平式和混合式三种。垂直式是指董事会、行政团体、教授会及其他人员分布在一个纵向的权力轴上，行政团体的权力较大，发挥上传下达的中心角色，校长直接向上对董事会负责，副校长、教务长等直接或间接向校长报告。此类高校有斯坦福大学等。扁平式是董事会之下呈现权力的横向排列，校长、副校长、财务审计长、学校律师、学校秘书、财务主管、教授会主席等均可直接向董事会汇报，董事会可以通过下属之间的相互制约来增强自己的实际权力和控制力，代表性学校有哈佛大学等。混合式是一种双轴式治理结构，董事会和教授会处于两个独立系统范畴，校长向董事会负责，教务长向教授会负责。在实际治理过程中，这两个权力轴之间通常保持相对独立，但也存在交叉和联系。

综上，大学治理的"三驾马车"分别执掌决策权、行政权和学术权，三方相互制约与协作，在一定程度上各自独立发挥治理作用，成为美国高等教育治理的典型范式。近年来，美国高校以校长为核心的行政团体集权进一步增强，教授会的治理影响力持续减弱；在基层学术组织治理层面，系主任不再由选举产生，而是由学校高层直接任命，同时，系主任的行政职能有所强化，不再是纯粹的学术人员，而是向管理人员转变，高校的内部治理有向垂直式演变的趋势。

四、治理数字化：理念重塑与能力加持

教育数字化转型是由数字技术发展引发的教育领域的系统性变革。高校数字治理不仅仅是数字化学习方式和教育资源的供给变革，还是将信息技术融入高校治理过程，通过产出和应用高质量数据以有效提升高校治理的反应能力、决策效率以及治理绩效，并进一步推动高校发展目标的达成。美国高校治理的数字化转型是在内外部基本治理架构之上，以提高学校经营绩效和治理现代化为目标而进行的系统性革新，通过数字技术推动学校的业务模态转型升级，从而加速适应环境，重塑治理理念，提升实践能力，更好地服务学生，优化各类业务运作。

美国高校治理的数字化转型包含以下三个层次：①基本信息数字化，即把校内工作、学习数据、资料及相关信息迁移至网络和数据平台，实行信息的档案化和条理化管理。②业务流程数字化，即利用数字化工作流程使信息资源和数据有序动态流转，包括业务流程自动化、优化部门间横向协调、精减中间环节、提升学校行政管理和学术团体的工作效率，覆盖财务、人事、招生录取、课程管理等。③治理思维数字化，即从高校的总体发展目标和面临的现实需要出发，从战略思维层面重构学校治理的业务和管理框架，协同开展数字化变革，改善服务对象体验；从观念、文化和战略层面重视数字理念和数字技术对高等教育发展的价值引领和方向引导，全方位提高大学的现代化治理能力和管理、服

务水平,甚至重塑高等教育思维和形态。

概言之,目前美国高校治理数字化转型是前沿技术催动的必然趋势,涉及调整战略思维、革新治理文化、建立健全数字化能力、完善治理技术、优化管理模式、增加产品供给等一系列转型创新,是一项复杂的综合性工程,其根本逻辑在于价值体系的优化、创新和重构,不断激发高校发展的潜力和创新产出能力,打造高等教育发展新动能。

从转型的具体内容看,近年来,美国高等教育数字化转型因新冠疫情影响而得到迅速推进,尤其在智能化和个性化学生服务、大数据支持下的院校发展决策以及部门横向工作流程贯通等方面,数字化转型迹象明显。基于美国高等教育信息化协会(EDUCAUSE)的调查,近八成受访高校认为疫情在"中度"或"较大"程度上刺激了高校的数字化转型进程。2019年有55%的美国高校几乎未启动数字化转型,到2021年该比例下降至29%。2019年约有32%的高校正在制定数字化转型战略,38%的学校已开展数字化转型的实践探索,但大多数仍处于信息数字化的初级阶段。在已实施数字化改革的高校中,主要以增强学习者和其他用户体验、激发招生潜力和发展竞争力、提高创收能力、增强应变能力和时代适应性等为导向,将工作重点放在提高学校的信息技术管理和服务能力、开展数字化招生及教务管理、升级图书馆及数字化学习资源、科研管理和学生学习管理等。

美国高等教育信息化协会认为,高校治理数字化转型的衡量标准在于学校是否有以下三个方面的转变。

(1)顶层设计方面。学校是否明确数字化战略的价值定位,具有明确的规划和发展目标，形成指向学校核心竞争力和根本性发展问题的数字化转型战略，如基于数据分析的决策能力、学生学业质量、财务营收能力、外部市场竞争力、国内国际影响力等。学校应全面提高数字化转型的操作能力，并提供有效的配套资金投入。

（2）治理理念和文化方面。数字化转型是否能覆盖机构发展的整体目标，各部门间的横向协作是否有质的提升；各级管理机构是否能适应变革逻辑，并以数字化思维和技术进行风险管理，实施科学合理的决策流程，以适应不断变化的环境，并抓住新机遇；是否将快捷性和灵活性作为治理技术方面的优先事项，并制定相应的数据安全策略，以应对数字转型带来的风险等。

（3）治理人才配置方面。考量高校是否根据发展需要更新教职工结构，设立首席信息官等数字化治理岗位，加强与供应商管理、用户体验和业务关系管理相关的专业性职务，并明确相关角色的胜任要求。考察学校的信息技术人员是否了解高校事务，学校是否在科研、行政、教学等方面不断扩大数据和数字技术的应用范围；学校是否通过数字化技术的运用使工作实践和空间选择更加灵活；是否在校内全面强调数字化素养等。

2022年10月，美国高等教育信息化协会发布了2023年度高校十大信息技术议题，提出了2023年高等教育数字化十大趋势、挑战与任务：①高校应设置首席信息官。首席信息官须参与学校战略制定和目标执行，并在增强高校教师数字化能力中发挥作用。②加强隐私保护和网络安全。高校应保护隐私、加强网络安全教育，将网络安全意识培养融入师生日常工作和学习。③提升专业信息技术人员的福利待遇，畅通职业发展通道。更新教职工聘用、发展策略以及绩效评价体系，搭建专业学习平台，解决专业技术人才短缺问题。④优化学生学习体验。利用数字技术创造以学生为中心的学习环境；利用智能眼镜、虚拟环境等建构新的学习模式，为学生的职业生涯发展奠定基础。⑤加强技术领导能力。高校领导应同等重视信息技术工作与改善教学方法和学生体验的提升，与师生进行更加高效的沟通。⑥数字化招生服务。加强学生招录方面的数据分析应用，提高教职工的数据分析能力，建立健全统一数据平台以满足数据的分析需求，更新学生信息和学习管理系统等。⑦加强数据分析预测。确立学校管理层对数据的所有权和控制权，并建立有效的数据分析和项目管理工具等，同时建立数据问责机制。⑧升级信息技术基础设施与服务。满足远程服务和业务多样性需求，并且在校园内外随时为教职员工与学生提供技术支持。⑨赋能学习变革。以信息技术为抓手，充分发挥线上线下结合的教学模式优势；增加对教师信息技术资源的投入，并对与数字化相关的教学成果给予认定和奖励。⑩加强成本和风险管控。注重投资成本、风险和价值管理，构建并维护数字化建设的制度氛围与文化等。

第 4 期
当代新加坡大学治理权配置改革与创新

沈倬丞

内容提要

20世纪80年代以来，新加坡持续推进以治理权配置为基础的高等教育现代化治理改革，推行大学公司法人制度，引入弹性拨款和绩效协议机制，通过弱化政府控制和强化大学自治，赋予高等教育机构以充分的自主权，并以此为基础完善了内部治理架构，促进了大学质量迅速提升，加速了高等教育的大众化、市场化和国际化进程，在世界高等教育谱系中独树一帜，有效推动了国家的人才集聚和经济繁荣。

一、新加坡大学治理权配置的改革历程

新加坡高等教育历史悠久。新加坡国立大学成立于1905年，是亚洲乃至世界顶尖大学之一。1965年，新加坡从马来西亚联邦独立，成立了新加坡共和国。建国伊始，新加坡便将发展高等教育作为推动经济社会发展、促进新加坡多民族国家内部团结的重要途径，并对全国教育进行统一管辖，实行中央集权式的教育治理模式。这一时期，新加坡的大学没有自主治理权，甚至无权制定校内规制，须完全服从教育部等主管部门的管辖。这种模式下，尽管新加坡高等教育得到了较为稳定的发展，但也限制了大学对新知识、新思想的生产活力。

20世纪80年代末，受新公共管理运动影响，新加坡开始寻求改变集权式的教育管理模式，政府和大学之间的关系逐渐由完全垂直管理转向纵横交织的协同治理结构，政府对于大学的集权式管辖有所松动，大学逐渐获得自治空间。新加坡大学治理体系呈现出更多改革气象，其中标志性举措包括成立国际学术咨询委员会，对大学开展综合评估。此外，新加坡国立大学和南洋理工大学试点推行大学的公司法人制度改革，采取了差异化的改革策略，提升新加坡高等教育的区域和全球竞争力，致力于将上述两所强校打造成世界一流名校，提升新加坡高等教育的质量以及大众化、国际化水平，将新加坡建成东南亚乃至亚洲的高等教育和

知识中心。

为全力推行大学的公司法人制改革，新加坡政府于1999年和2004年两次成立指导委员会，就政府职能、大学自治进行顶层设计。1999年成立的大学治理和拨款指导委员会，对大学治理和经费问题开展全面审查。该委员会发布了题为《促进大学自主与问责》的报告，其中提出扩大高等教育治理权下放，赋予新加坡国立大学和南洋理工大学人事和资金自主权，同时强化问责机制，保证拨款和公共经费得到高效使用。在结束审查工作后，教育部向这两所大学下放了人员薪资和经常性预算等方面的部分财权。

2000年，新加坡成立了第三所大学——新加坡管理大学。为使该校直接嵌入新的治理模式、开展灵活性创新以及满足商业市场对高等教育的新需求，政府将新加坡管理大学定位为接受社会资助的私立大学，通过办学与合作模式创新，为国家高等教育系统发展注入新动力。2004年，新加坡政府再度针对大学治理问题组建指导委员会，对三所大学的自治结构和绩效责任框架、经费状况进行了总体考察。

2005年，新加坡教育部发布《大学自主：迈向卓越巅峰》报告，围绕政府垂直管理和大学自治的关系重构做出了创新。报告的核心事项包括修改大学地位、组建董事会、建立新的财政拨款架构、实施绩效协议管理、加强质量问责制框架、构建由大学自主决定的招生及人事聘用制度等。此报告成为新加坡大学治理改革的划时代标志，从根本上重塑和厘清了政府、大学以及高等教育治理其他利益相关方之间关系，以下放大学自主权和引进竞争机制为核心，将两所公立大学的法律地位由此前的法定机构变更为非营利性公司。

新加坡大学自治改革促进了新加坡高等教育治理体系的创新和完善。通过明确的职能划分和绩效考核，激发了高等教育机构发展的内生动力，推动国家高等教育系统的影响力和竞争力持续增强。以 QS 世界大学排名为例，2007 年，新加坡国立大学排名世界第 33 位，南洋理工大学排名世界第 69 位；2012 年，新加坡国立大学排名世界第 25 位，南洋理工大学排名世界第 47 位；2023 年，新加坡国立大学的排名已升至世界第 11 位，南洋理工大学则位列世界第 19 位。

二、新加坡大学治理权配置的制度创设

从教育立法视角看，新加坡作为法治国家，其法律体系根植于英美法系，国家治理规制包括立法规制、行政规制和司法规制。因此，新加坡立法规制发挥着"元治理"作用，即"对治理的治理"。基于《大学自主：迈向卓越巅峰》报告，新加坡以法治为基础，对大学治理进行了如下制度创新。

（一）实施大学公司法人制度

新加坡大学自治改革深刻影响了大学的外部治理结构，其根本途径是推行大学公司法人制度，将公立大学转变为非营利性公司，制定符合公司法的机构纲要与章程，使大学获得更多的战略

事务规划、内部事务治理自主权及财务自主权。2005年底，新加坡总统签署了《新加坡国立大学（公司化）法案》和《南洋理工大学（公司化）法案》。2006年4月，上述两所大学完成了法律地位变更。《新加坡管理大学法案》与《新加坡科技与设计大学法案》也为这两所大学奠定了公司法框架下的治理依据。公司法人制度改革的底层逻辑是提高大学的内部管理效率与灵活性，增强其应变能力和竞争力。

在大学公司法人制度改革之后，新加坡政府对大学的管理从直接管理转向宏观指导。从法定机构到公司法人的转变，使大学和政府之间的名义从属关系基本淡化，此前政府针对作为法定机构的大学实施的教育政策法规对大学不再具有直接效力。政府也不再为大学直接提供经费，但依然是大学的主要投资者，政府职能由直接管理转为宏观监管，大学必须遵守教育部设定的问责框架，并与教育部签署协议，以确保政府对大学发展的指导及监管。在学校管理层任免、资产处置和清算、章程和其他组织机构文件修订、董事会成员变更等重要事项决策时，仍须得到教育部批准。这也表明，政府对大学重大决策依然具有实质性影响。此外，在公司法人制度改革后，大学仍需承担国家和社会义务，大学自身使命和发展规划须契合国家战略目标，通过提供高质量的教育服务与知识产出，促进国家经济社会发展。

综上，新加坡政府与大学关系的重塑并非单纯的权力下放，也非将大学推向商业化和市场化，而是希望利用非营利公司的公共属性和服务属性，以及在经营管理方面的灵活性和非限制性，消除大学与国际教育市场的壁垒，基于治理权分散化以及合作网络多元化等优势，以契约为纽带，重构政府、大学、社会之间的关系和协作模式，使相关利益方形成一种互信合作的关系，使国家意志和市场需求在大学治理范畴下形成价值整合与平衡。

（二）实行弹性拨款机制

在大学公司法人制度改革实施之前，政府财政拨款是新加坡大学经费的主要来源，在大学总预算中占比高达80%以上。这种模式下，大学对政府产生了较强的依赖性，资金方面的危机感和紧迫感较小，自主创收能力较弱，经费开支的自主权也相对不足。因此，转变大学的经费来源模式、探索政府弹性拨款与多渠道资金筹措机制及扩大高校的财务自主权成为改革的核心事项。具体来看，主要改革措施如下：①调整政府对大学的财政开支和资助模式，引入政府"贷款—拨款"框架和年度偿债基金，基于各校的不同定位和发展路径，采取差异化的拨款方式。政府根据毕业生规模拨付常规经费，大学根据实际情况自主确定每年的招生规模和教育年限。而在课程型研究生教育方面，仅资助国家急需专业；对其他专业，学校自主确定学费标准，自主运行。同时，优化经费使用，扩大经费支出的竞争性招投标比例，优先支持重大基础设施建设和对国家发展具有战略意义的研究项目。②为公立高校扩大财务和资金自主权提供制度支撑，通过三年期预算计划周期，使校内教学和科研机构根据业务发展需要及周期内绩效表现进行资金调配。③拓宽校级资金来源渠道，支持高校加强同工商界、校友及社会组织之间的协作，通过深化与工商界合作、扩大国际学生招生规模、吸纳社会捐赠等方式来增加大学的经费筹措途径。

（三）引入绩效协议机制

实施大学公司法人制度改革后，政府不再直接管理大学，转而引入绩效协议机制，在给予大学充分内部自主权的同时确立问责框架，保留对大学的核心影响力，掌控国家高等教育发展和大学治理的战略主动权。教育部同大学签署绩效协议，一般以5年为一个绩效周期，规定大学发展的核心事项。该协议分为政策性协议和业务实绩协议两个部分，前者由教育部制定，旨在把控大学的战略发展方向，包括大学的远景战略和未来规划、自治权适用范围，以及大学需落实的国家教育政策发展任务，如各类产出目标、招生发展目标、经费政策、学费标准及学生资助体系等；后者通常采用大学自主制定与教育部认定相结合的方式，即大学在与政府协商的基础上确定培养规模，以此作为基本拨款依据。协议内容一般包括培养方向、教学、科研、社会服务等方面，以及基于目标细化的具体任务和绩效指标。若大学未达到相应的绩效要求，则将面临惩罚性措施，并影响后续周期的拨款额度。大学依据与教育部签署的绩效协议，在内部分配具体绩效，即与院系和科研机构、个人等签订绩效协议，明确规定双方或多方在具体事务上的权责。

（四）创新外部质量监督保障机制

为有效监督大学绩效履行情况，新加坡政府实施了《大学质量保证框架》，由教育部牵头，同校外评估机构共同执行，通过责任认定和问责等方式，综合评价大学办学质量。大学质量保证框架主要涵盖战略发展、管理水平、教学和人才培养、科学研究、国家和社会服务等主要监督评估方面。大学需首先开展自评，之后由教育部指定的审查小组定期开展核验，并向教育部提交质量评价报告，质量审查结果与财政拨款数额相关联。除接受教育部每五年组织一次的评估外，大学还应提交年度事业发展报告，阐明责任落实的具体情况，包括学校各方面事业发展与建设成效、内部治理结构和经费使用情况等，并向外界公开，接受教育部的评估。

三、新加坡大学的内部治理架构与质量保障机制

基于大学治理的外部权力配置改革，新加坡大学总体上向商业化、企业化管理转变，其内部治理思路与行动也因势而变，随外部治理逻辑做出相应调整，实行更加灵活变通的行政、财务、人事管理和质量保障机制，以确保治理体系平稳过渡，提升大学的管理水平。

（一）内部治理权的行使架构

新加坡高等学校以《教育法案》《私立教育机构法案》等法

律法规和大学章程作为内部治理的法律准绳，在管理上实行董事会治理，通过逐层分权与授权，建立以绩效为导向的激励约束机制，激发各层级主体（校长、院长、教职工）的主动性、积极性和创新性。

董事会是新加坡高等学校的最高权力和决策机构，是行使和维护大学自治权的重要主体，其主要职责包括制定和实施大学发展战略，把握学校运行的宏观方向；任命校长等主要管理人员，以及评议其工作表现；开拓、维护和利用各类资源等。董事会成员由教育部长直接任命，其成员背景多元，通常有半数是非教育界人士，其中不乏企业家和商界精英、社会活动家等。董事会成员利用自身专业、经验、影响力等方面的优势，促进大学的多元发展，维护各方战略性关系。如新加坡国立大学现有董事会（校董会）成员20人，包括政府官员、跨国公司总裁、法官、银行董事等，涉及建筑、金融、港口、互联网、贸易等行业。

大学行政管理层行使校内行政事权，执行董事会的决议，主导校内日常治理工作。校长出任首席管理职员和决策执行官，统筹学校的资金筹措与支出，组建行政团队，任命教务长、副校长、职能部门、学院及研究机构负责人等。校长直接对校董会和监委会负责。以新加坡国立大学的行政团队为例，该校有4名常务副校长，其中1名兼任教务长，其余3名分别负责科研、行政和创新创业。另外设有高级副校长4名、副教务长12名、协理副校长3名，还有首席投资官、首席数据官、首席采购官等业务负责人12名。此外，新加坡高校注重教授在学校治理方面的作用，通过由教授组成的参议会、校务咨询委员会等组织，建立教授参与学校行政管理、为学校提供咨询建议的长效机制。新加坡大学还鼓励学生自治，参与校内事务治理。在学生事务管理中，校方注重对学生的理性引导，激发学生对学校事务参与的主体意识。

（二）基于人事和薪酬自主权的全球人才招募

新加坡高校自主开展教职工聘任工作，根据需要自行确定师资薪酬事宜。新加坡大学在完成公司法人制度改革后，公立大学逐步破除了内部人员"吃大锅饭"的情况，实施完善的汇报制度、责任制度和绩效制度，充分利用人事自主权，自主招聘师资、确定职称晋升标准，自行确定教职工薪酬福利，以灵活的薪酬面向全球招募杰出教职人员，吸引一流人才加盟。学校除给予教职员工基本工资、奖金之外，还发放灵活性津贴，用于按照国际市场标准聘用和支持学科领军人才，或用于支付兼负行政管理职责的学术人员的责任津贴。以新加坡国立大学为例，该校将鼓励、招募和留住优秀人才作为确保高质量人才培养和科研工作的决定性因素，并采用"实施最优的实践治理和管理模式"战略。目前，新加坡国立大学等多所院校的外籍教师比例超过50%，校长及高层管理人员中也包含大量外籍人士，有效促进了大学国际化人才战略的实施，提升了大学的国际竞争力。

（三）以绩效为核心的学术治理机制

在学术治理层面，新加坡的大学设有由终身教授组成的学术委员会，承担学校学术事务的决策和咨询功能，其范围涵盖学科发展、课程管理、教学评估、科研、教授聘任与职称评定等。新加坡高校充分发挥学院的主体作用，以财务预算为约束条件实施人才战略，自主决定人才晋升及考核事宜，不受人员编制限制。在聘用教师时，新加坡大学采用竞争性的合同管理制度，以契约形式明确大学与员工的权责关系，基于绩效确定薪资，有效提升了学术产出的积极性。新加坡大学通常根据不同职称，实施精确的教师分类评价体系，按照科研、教学、社会服务三大类别指标，根据对教授、副教授、讲师不同系列的不同导向与要求，赋予不同的指标权重。

四、新加坡大学治理的实践范式——以南洋理工大学为例

南洋理工大学作为世界一流高校，在短短数十年的办学历程中取得了傲人成就，这得益于新加坡"小国办大教育"的教育战略导向以及先进的内外部治理理念和机制。特别是在2006年自主化改革之后，该校通过公司化运作，形成了完备的管理体系和工作机制，在相对宽松的外部环境和体现自主、责任与竞争意识的内部氛围中，走出了一条科学高效且具有代表性的现代化大学治理道路。

（一）基本制度建设

南洋理工大学注重制度建设，主要体现为以下四个特征：①遵循高度规范的依法治校精神，学校每项制度都有国家上位法律法规和学校章程作为依据。②以实效为目标制定规章制度，体现问题导向的工作态度，实现科学的横向和纵向制度衔接，做到

互不排斥和无制度死角。③规章制度的制定流程科学合理，以相关领域的科学理论为指导，参考国际通行规则和通用标准，广泛吸纳国内外知名高校的治理经验。④在制度制定过程中体现民主性原则，通过董事会、教职工大会、学术咨询委员会和参议会等各种形式征询意见，最终由主办机构提交校董事会集体研究决策。⑤制度执行严格有力，坚持依法依规治校，充分发挥制度的权威性。

（二）决策与行政管理机制

南洋理工大学董事会（校董会）是学校治理的重要支柱，其成员构成多元，现有包括主席在内的董事会成员19人，其中有国家艺术委员会主席、剑桥大学名誉副校长、慕尼黑工业大学原副校长、新加坡食品局主席、外交部驻外使节、国家创新研究中心教授、企业董事长或创始人、著名会计师事务所高级合伙人以及本校校长等。董事会为学校的战略规划和重大决策制定提供多领域基础，通过各自的资源、成功经验及社会开拓能力，在教学运行、财务管理、校友事务、国际交流和筹措资金等方面贡献力量。此外，董事会拥有校长任免等重大事务的决策权，下辖校友事务、财务、审计、薪酬、学术事务、校企合作、校园规划、顾问等常设理事会。

南洋理工大学实行扁平化的行政运行模式，校长是首席行政决策官和执行者，直接对董事会和监委会负责。学校行政管理层还包括1名副校长兼教务长、2名高级副校长和6名副校长，分别负责终身学习和校友工作、行政管理、科学研究、国际交流合作、创新创业、人工智能和数字技术等方面。此外，学校还设有

1名副教务长、1名科研诚信专员、多名助理教务长和校长助理。学校的主要职能部门包括校长室、科研诚信办公室、法务办公室、交流办公室、人力资源办公室、财务办公室、信息办公室、数据办公室、交流办公室、健康安全办公室、发展办公室、设施管理办公室和研究支持办公室等。这些部门负责具体事务管理，牵头制定相关政策措施和执行方案等。

（三）学术治理机制

南洋理工大学的院系设置体现了学科交叉与融合的思路和特点，设有文、理、工、商四大学院，下设机电与电子工程、材料科学与工程、社会科学等13个二级学院。学校还设有研究生院、李光前医学院以及国立教育学院和拉惹勒南国际研究院等两个独立学院，此外还有学习发展与研究中心等17个研究机构。南洋理工大学尊重学术委员会建设，委员会独立行使学术职权。学术委员会负责监督和管理学术事务，确保学术质量和标准，并处理和解决学术争议等问题。学术委员会通常由高级教职员工、学院代表和其他相关专家组成，包括咨询委员会、评议会和参议会等。另外，各学院也设置了学术事务委员会，负责学院内部学术事务及相关决策，比如李光前医学院的学术事务委员会包括1名主席和7名成员。

（四）人员考评与激励机制

南洋理工大学实施"人才战略"，打造国际一流的教职工队伍，主要包括职员、教师和研究人员三类。首先，南洋理工大学面向全球广泛招揽优秀教师和科研英才，现有教师和研究人员队伍中70%以上来自国外。学校格外重视学院和职能部门负责人的遴选，并委托第三方公司开展引进和招聘工作。学校将教职人员分为教授序列（助理教授、副教授、教授）和讲师序列（讲师、高级讲师和首席讲师），对前者实行终身教职制度，其特点是非升即走、淘汰率高、人才流动性强。在招聘过程中，通常在国际范围内广泛宣传，聘请资深教授成立招聘委员会，采用网络面试或现场面试方式，经过多轮筛选决定聘任人选。聘任合同包括短聘和长聘两种，如新晋助理教授签署两个短聘期，总计不超过7年。一经聘用，学校将提供优厚的待遇和良好的职业发展资源。聘期内只要晋升为副教授职称即可取得终身教职，否则将被转聘至讲师序列或解聘。

南洋理工大学采取严谨的教师职称评定与终身教职聘任程序，实行校外同行评议制度，一般聘请本学科领域的顶级专家对参评人员的教学工作和科研成果等进行客观评定。专家要对照相应的评价标准（有时参考世界排名略高于本校的美国大学教职人员晋升标准），最终提出肯定或否定意见。原则上须全部校外专家给出肯定意见，参评人员才有可能获得晋升资格。履行外部同行评议流程后，由各学院学术委员会等部门考核并提交推荐，再经过学院院长及学校教务长确认后，由教务长向校长推荐人选，校长同意后呈交董事会，由董事会最终核准。该流程通常至少需要2个月。

南洋理工大学实行科学、公平的绩效评估和薪酬激励政策，根据学校发展战略和实际需要，明确绩效评估的总体设计。通过公平、合理、有效的绩效评估，建立以人为本的激励机制和人才流转机制，实现大学的可持续发展。在绩效评估形式上，南洋理工大学采用《年度员工绩效评定表》，将科学研究、教学和公共服务三个方面作为一级指标，每个一级指标下设若干二级指标，科研、教学、公共服务方面的二级指标数量分布比例约为5∶2∶1。各项指标的评估结果分为5个等级，评分范围为1—5分。根据教师序列类别的不同，权重系数分别为：教授序列5∶5∶2，兼任行政职务的教师2∶2∶8，讲师序列2∶8∶2。最终基于评分和指标权重计算总分，并将教师年度绩效评估结果分为A—E五个等级。各等级的分布比例为A占12%、B占30%、C占45%，D和E总计不低于13%。为了体现教师可持续发展理念，在评测过程中，除考核当年绩效外，还要综合考量近三年的累计成果。评估结果会及时反馈个人并兑现奖惩政策，便于教师和所在单位及时调整和改进。绩效奖励与年度考核结果密切相关，奖励额度根据学校的财政状况制定，一般不超过本人3个月的工资。综上，南洋理工大学将学校的绩效任务按照一定标准分解至机构和个人，程序科学，标准严格，注重结果导向，符合其作为世界名校发展的实际需求。使绩效评估结果直接影响人员留用及薪资待遇，激发了教职工的工作热情和主观能动性，形成了相对良性的竞争氛围，对履行学校的宏观绩效指标和加快实现战略发展目标具有显著推动作用。

第 5 期
少子化视域下
日本私立大学治理路径

高 露

内容提要

近年，因少子化和高龄化问题，日本高等教育面临生源不足的困境，并衍生出经营危机，让高度依赖学费维持运营的私立大学雪上加霜。在此背景下，日本私立大学以扩大生源为目标开展自救，扩大招生规模，积极招收社会人士和国际学生，破除以18岁学生为主要招生对象的传统模式；顺应时代的变迁实施多元灵活的内部治理策略。同时，日本政府遵循高质量和治学严谨的原则，积极推出各种因应对策，以推动私立大学改革，提升日本高等教育质量。

一、退出策略：建立财务预警机制，识别陷入经营危机的大学

为了提高私立高校未来重整的概率，并达到有效预防和避免私立大学破产的目的，日本私立学校振兴与共济事团建立财务预警机制，通过设立预警指标，把学校分级，掌控各所私立大学财务状况，提高日渐亏损的学校法人的危机意识，提早发现学校经营危机。根据私立学校状况，日本政府协助制定因应对策和改善策略。

2007年，为了改善私立大学经营成效，日本文部科学省委托私立学校振兴与共济事业团制定私立大学经营状况判断指标。因私立大学经营困难和破产源于资金短缺，故该指标内容侧重于反映学校资金流动的相关情况，从而依照教学和科研所产生的资金流动划分私立大学财务状况，以筛选经营不善的私立大学，构建预防预警机制。但是，因各界对判断指标意见不一，日本私立大学经营状况判断指标经历了数次修订。目前，日本采用了2015年修订版，这也是最新的日本私立大学经营状况判断指标。该版本包括8项财务指标，如表1所示。

表 1　日本私立大学经营状况判断指标

单位	指标	考量点	判断标准	目的
文部科学省、私立学校振兴与共济事业团	教学研究活动收支余额（业务收支余额）	一般而言，资金短缺将使学校法人面临破产。因此，为及早发现财务危机以防止破产，学校能否通过教育研究活动所产生的资金维持学校运营成为关键因素	是否 3 年内连续 2 年以上为赤字	提高意识，加速经营政策改革，提升学校法人机危机
	债务和运营资产比较	运营资产（现金、有价证券、定期存款）的充足性，或者是否有庞大债务（借款、债券、应付账款）需要偿还。当教育活动产生的资金出现赤字时，学校过去积累的资产将被陆续变卖，尤其当存在长期无法清偿的外债时，学校经营将出现潜在危机	外部债务是否大于运营资产	
	外部债务偿还年限		是否高于 10 年	
	资金短缺年数，分短中长三级	资金短缺的年数，原则上根据学校修业期限设定	未满修业年限，满修业年限—10 年，超过 10 年	
	预收款保有率 = 运用资产 / 预收款	归属于次年度收入（如学费）的预收款，观察其在当年期末仍保有的比率。当比例低于 100% 时，显示机构已预支预收款，故该机构财务运作可能出现困难	是否低于 100%	
	总收支（含业务与非业务）差额	若机构收支结余数为负数，则代表学校经营状况不佳	收支结余是否为负数	
	机构盈余比率	即使机构收支余额为正数，但若比率过低会导致无法满足大学发展需求，也属于非正常现象	是否低于 10%	
	累计折旧比率	固定资产能否达到足够的累计折旧金额	是否达到 100%	

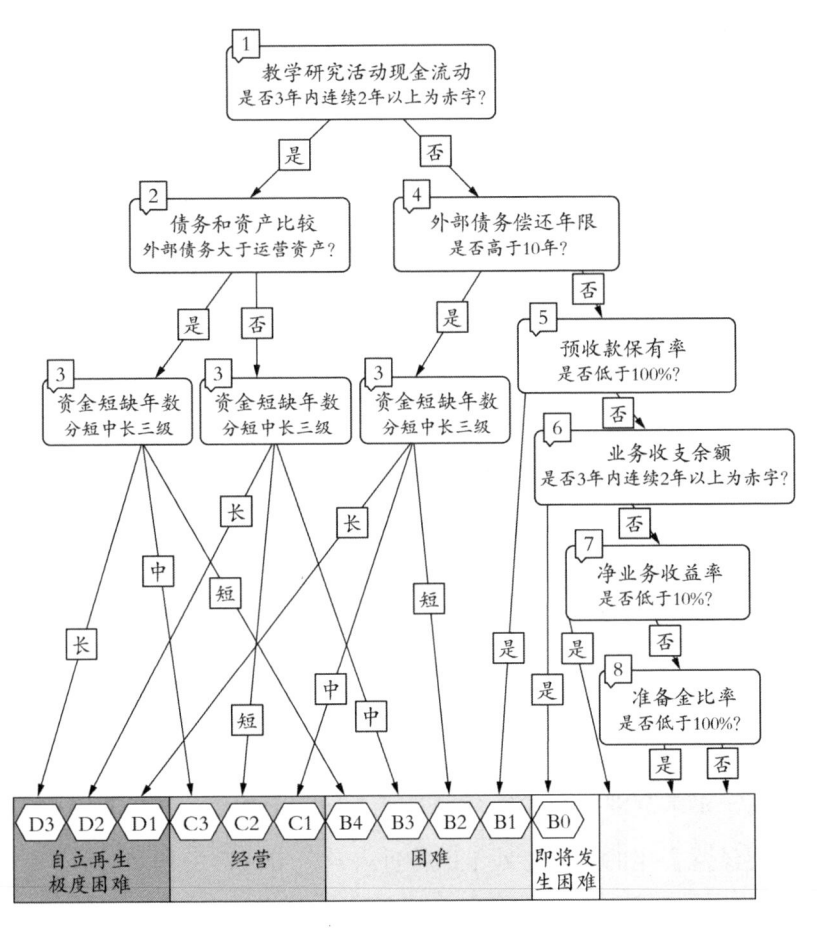

图 1 日本私立大学经营判断指标的分布

经营判断指标的分布（私立大学、短期大学和高等专科学校）				
法人数（位）	17	86	192	367
比例（%）	2.6	13	29.0	55.4

如图 1 所示，学校依据其财务健康状态分为四种类型：正常状态（绿色）、即将发生困难（白色）、经营困难（黄色）和极度困难（红色）。依据其严重程度，四种类型进一步分为 A1 至

071

D3，共计 14 种子类型。一旦学校进入黄色警戒区，校方必须就其经营困境在规定期限内提出改善计划。学校若进入红色警戒区，就代表学校债务负担沉重，校方难以自力救济，故必须及时寻求帮助。倘若学校被判定为难以整改，政府就必须依照比例原则采取措施，如要求学校停招或停办，并优先解决在校生的安置问题，确保学生受教育的权益，以将损失降到最低。

图 1 是根据指标诊断后所呈现的分级结果。日本私立学校振兴与共济事业团以全日本 662 位学校法人为分析对象（含私立大学、短期大学和高等专科学校），分析结果显示：2020 年，有破产迹象（红色区）的法人有 17 位（2.6%）；2021 年后，有破产迹象（黄色区）的法人有 86 位（13%）；有 103 位法人（15.6%）面临经营困难，较 2016 年减少了 1.4%；对经营困难法人数量减少的情况，事业团认为，多数法人已预估 18 岁人口减少的趋势，提前采取了有针对性的措施；有 367 位法人（55.4%）的经营状态属于正常范围，较 2016 年减少了 1.1%；有 192 位法人（29.0%）出现经营恶化的迹象，处于即将进入黄色警戒区的初期阶段，较 2016 年增加了 2.5%。由此可知，日本私立大学的经营状况仍然不佳。

为了强化对私立大学解散的判断和指导，2018 年 6 月 15 日，日本内阁会议颁布《经济财政运营和改革的基本方针》（也称"骨太方针"）。该方针明确规定，"要加强指导，以推进私立大学是否关闭的判断，明晰破产申请程序"。基于此，自 2019 年起，根据经常性收支连续三年亏损和负债金额高于运用资产这两项财务指标，文部科学省把学校再次分类，以此强化对私立高校的指导。《私立学校法》第59条规定:"国家和地方政府认为需要振兴教育,根据其他相关法律政策,对私立学校法人予以帮助。"如果符合以上两个条件,私立高校会被判定为经营困难。文部科学省将派遣专家到该校进行指导和建言,推动其经营状况在三年左右有所改善。若学校不配合改善或改善后仍未见起色,政府将做出经营判断和应对策略,依照比例原则采取对社会冲击最小的措施,如要求学校削减学院数量或停止招生、废止大学或解散法人等,并优先解决在校生的安置问题,确保学生受教权。同时,要求法人将对策内容载入事业报告书,并由文部科学省公开,以此呼吁其他私立大学提高警惕。而经过指导取得成效的学校,则不被列入通知对象,继续接受指导和建言。2020年4月1日,日本文部科学省实施了新修订的《私立学校法》。该法涉及内容广泛,目的在于改善学校法人相关制度的运营管理,明确私校管理阶层的职务和责任,强化学校经营能力,促进信息公开化和透明化,健全破产流程。需要特别指出的是,新版《私立学校法》第131条规定了私立大学的破产流程:"主管机关依据利害关系人的申请,依据职权选择清算人。主管机关选择的清算人,无原法人成员的压力,公平公正推进私校关闭。"

通过日本的做法可知,辨别经营危机学校的指标在精而不在多。日本将不同指标按照优先级别排序,其中首要判断指标是教学研究经费,即学校能否通过教学和研究所产生的资金维持基本运营。日本政府将其视为学校经营良窳的关键因素。

二、转设策略：私校转设成公校，推动区域振兴

一所大学的关闭，不仅会损害在校生受教育权和教职工工作权，也会影响当地经济发展。尤其对偏远城市而言，失去一所大学可能意味着失去地方发展的活力。基于办学精神，日本文部科学省在尊重自主的前提下要求私立大学改善经营方针。因此，关闭学校不是私立大学陷入经营困境的唯一选择，日本政府还通过其他方式协助私立大学转危为安。其中，私立大学公立化较为典型，这种类型的大学经费补助由地方政府支援，在法律上仍保留学校法人的身份。

（一）私立大学转设公立大学的背景

1. 地方创生政策

来自外地的大学生不仅是主要消费者，还能促进公寓租赁等地区经济活动，因此当地私立大学因经营不善关闭或私立大学迁回都会中心，会使偏远地区的经济活力蒙上阴影。这种状况与日本地方创生政策中平衡城乡发展的愿景相违背。对地方政府而言，尽管地方创生政策可能会增加财政负担，但仍愿意配合，因为一所公立大学吸引年轻人留在当地或让当地年轻人就近入学能带动区域振兴。为了防止人口外流，地方自治体（县、市和町）对私立大学公立化提供积极支持。

2. 私立大学申请人数增长缓慢

20世纪80年代，日本大学的升学率急剧上升，就业形势良好，私立大学发展前景乐观。但20世纪90年代以来，就业形势进入冰河时期（1993—2005年），学生家长开始考量学费和生活费问题，越来越多的学生偏向于选择国立大学或公立大学。自2000年起，越来越多的学生因经济问题而选择职业院校。上述情况成为私立大学学生申请人数增长缓慢的原因之一。

截至2022年，有11所私立大学转设为公立大学，分别是高知工科大学、静冈文化艺术大学、名樱大学、公立鸟取环境大学、长冈造形大学、福知山公立大学、山阳小野田市立山口东京理科大学、长野大学、公立诹访东京理科大学、公立千岁科学技术大学和周南公立大学。

（二）通过公共经费辅助，稳定大学运作

日本大学分为国立、公立和私立，其设立主体分别为中央政府、地方政府和学校法人。就经费来源而言，国立大学的总收入中约有五成来自文部科学省拨款；私立大学主要依赖学杂费收入，政府补助仅占一成左右；公立大学的经费则主要来自地方政府，约占学校收入的六成。

私立大学一旦公立化，即可获得来自中央政府的地方支付税支撑学校运行。学校可凭借声望提高和学费降低，吸引更多本地和外地学生入学，进而因入学人数增加，获得更多的学费收入，

形成良性循环。以长野大学为例，2006—2013年学校招生不足；2014年学校要求改制为公立大学，上田市担忧大学破产将导致年轻人外流而接受了长野大学的改制要求；2017年4月，长野大学改制为市立大学。改制后，政府补助金较以往大幅度提升，四年学费由370万降至290万日元。同时，其公立大学的形象吸引了更多学生。2017年，长野大学约有3000名学生报考，预计招收约300名学生，报考人数是2016年的4.2倍。

（三）私立大学公立化政策的执行成效

近年来，因招生不佳，日本私立大学改制为公立大学的案例不断增加。就执行成效而言，公立化后的大学经营更为稳定，大学志愿率成倍增加。

1. 提升了学校声望和经营稳定性

日本年轻学子在高等教育阶段选择就读学校时，认为部分私立学校虽学术声望显著但学费过于昂贵，故仍以国立大学为首选，公立大学次之，私立大学位列第三。陷入经营困境的私立大学，往往是地方居民想要就近入学时迫不得已的选择。但是，这些陷入困境的私立大学一旦公立化，除了因声望提高可吸引更多本地学生和外地学生之外，还可以获取更多中央政府的经费扶助，从而让学校经费充足，经营状况更加稳定。

2. 大学入学考试报名人数激增

表2反映了近10年日本私立大学公立化前后志愿填报率的变化情形。此外，根据表3显示，在各个大学由私校改制为公校的当年，填报志愿率显著提高。

表2　日本私立大学公立化前后志愿填报率的变化情形　　单位：%

校名	创建	公立化	志愿倍率 公立化前年度	志愿倍率 公立化后年度
高知工科大学	H9（1997年）	H21（2009年）	1.6	12.6
静冈文化艺术大学	H12（2000年）	H22（2010年）	8.7	11.9
名樱大学	H6（1994年）	H22（2010年）	1.2	2.7
公立鸟取环境大学	H13（2001年）	H24（2012年）	1.7	10
长冈造形大学	H6（1994年）	H26（2014年）	1.8	5.7
福知山公立大学	H12（2000年）	H28（2016年）	1.5	33.4
山口东京理科大学	H7（1995年）	H28（2016年）	7.4	23
长野大学	S41（1966年）	H29（2017年）	2.4	10
公立诹访东京理科大学	H14（2002年）	H30（2018年）	5.3	7.9
公立千岁科学技术大学	H10（1998年）	H31（2019年）	5	10.9

表3　私立大学公立化前后志愿填报率的变化情形　　单位：%

校名／公立化年份	公立化2年前	公立化初年	近期
高知工科大学／2009年	1.7	12.6	5.0
静冈文化艺术大学／2010年	7.0	11.9	6.1
名樱大学／2010年	1.3	2.7	4.1
公立鸟取环境大学／2012年	1.0	10.0	5.9
长冈造形大学／2014年	1.0	5.7	5.1

（续表）

校名/公立化年份	公立化2年前	公立化初年	近期
福知山公立大学/2016年	0.7	33.4	5.5
长野大学/2017年	1.9	10.0	6.3
公立诹访东京理科大学/2018年	2.8	7.9	5.1
公立千岁科学技术大学/2019年	2.2	10.9	6.0

总之，私立大学公立化政策能提升地方私立大学的声望，并吸引更多生源。但是，报名人数激增通常只是短暂现象，也会增加中央政府的财政负担。因此，依赖公共经费协助经营不善的私立大学继续生存的公共政策，既需要经过更谨慎的思考，也需要获得社会共识。

（四）私立大学公立化面临的困境和挑战

虽然私立大学公立化政策有助于振兴区域发展，但实际上仍存在许多有待解决的问题。

1. 中央政府财政负担加重

日本地方私立大学公立化的趋势日益明显，虽然少子化是私立大学经营不善的主要原因，但地方政府接收经营不善的私立大学的举措存在争议。因为私立大学一旦公立化之后，总务省分配给地方政府的地方交付税和地方交付金将增加，国民所缴纳的税金将用于某地区性的大学，故有人担忧公立化可能造成中央或地方政府的财政负担。有学者指出，某所私立大学原本每年财政经费是2亿日元,公立化后增加到10亿日元,是原来的5倍。换言之,私立大学公立化政策背后是政府要增加5倍的经费投入。龙谷大学佐藤龙子教授指出,在减轻学生学费负担、推动地方经济、确保地方高等教育机会均等方面,私立大学公立化具有一定意义。但是,在18岁人口日趋减少的大环境之下,让一所原本将被淘汰的私立大学通过公立化形式继续存在,税金投入应该谨慎以待。另外,有学者认为,虽然有人对于以国家税收来挽救一所出现赤字的私立大学的做法存有疑虑,但对于当地人而言,大学的存在是有意义的。

2. 报名人数激增只是短暂现象

通过表3可以看出,私立大学公立化之后,入学考试报名人数激增。值得注意的是,这种情况究竟可以维持多久?日本经济新闻最近公布的调查结果显示(表3所示),虽然多数学校转型当年报名人数大幅增长,但该现象已渐趋缓和。整体而言,公立化后的情况虽较此前有所改善,但打着公立大学名号并以较低学费吸引学生的策略,并非长久之计。未来,学校仍要积极思考如何提升教育品质,并切实发挥区域发展的功能,方可维持学校稳定发展。

三、整合策略:放宽学院转让制度,提升私立大学整合效率

为了应对18岁就学年龄层缩减、社会结构即将改变的趋势,日本中央教育审议会向文部科学省建议,呼吁采取更加弹性与积

极的措施，以促进学校之间的合作与合并。通过整合资源，使各个大学专注发展其独具特色的专业，在有限资源下发挥最大功效，加强教育和科研领域的竞争力，进而促进大学永续发展。

为了确保学校法人的稳健经营，日本文部科学省实施了必要的经营指导和建言，并开始研讨更有效率的私立大学学院转让制度。2017年3月，文部科学大臣向中央教育审议会咨询相关事项，中央教育审议会前后进行了74次部门会议，制定了一套完善的制度，以进一步推进大学间的合作与整合。2018年，中央教育审议会向文部科学省提出3个具体可行策略：①允许一个国立大学法人经营数个大学，亦称为"一法人多大学制"（伞式经营方式）。②设立大学合作推进法人，跨越国、公、私立大学范围，促进大学间学分互换。③私立大学受经营不善的影响，以学院为分割单位，直接转让给其他大学。随后，文部科学省采纳了该建议。为了更好地落实上述政策，2019年文部科学省修改了相关法令，即经营不善的私立大学以学院为分割单位，直接让渡于其他大学，放宽了私立大学之间的学院转让手续。该政策大幅度提升了大学间的转让效率，促进了私立大学间的合作与合并。

在该政策出台之前，文部科学省尚未允许以学院为单位的转让，学院一旦撤销停招，要接受转让的大学需重新申请。然而，申请新开设学院的手续，涉及审查教师资格和绩效，该程序会耗时多日，致使大学合并旷日持久，难以及时回应私立高校存续和发展需求。相比之下，新措施大幅简化了大学之间的学院转让手续，以信赖为前提，维持原有设施，并且课程和教师人数须维持转让前的水准，省略了教师资质审查的程序，简化了财务和资金审查，大幅减少了大学的行政负担，有效促进了私立大学的合并与改组。但是，文部科学省要求学校在转让学院之前需向学生和家长予以充分说明，获取其理解和支持。

日本私立大学的合并案例屡见不鲜。根据文部科学省统计，自2003年以来，全国共有14所私立大学被合并成6所，并有10所被废校。例如，2009年，关西学院大学与圣和大学合并，两所大学均位于兵库县西宫市。2011年，圣母大学和上智大学合并。2016年，大阪医科大学和大阪药科大学合并，改名为大阪医科药科大学。其中，关西国际大学和神户山手大学合并，以及庆应义塾大学和东京齿科大学合并是比较有代表性的两个案例：①关西国际大学和神户山手大学的合并。2020年4月，关西国际大学通过学院转让的方式吸收合并了神户山手大学，起因是神户山手大学因其经营问题向关西国际大学求援。文部科学省参与其中，同意两所大学以学院方式合并，并同意简化合并手续，从而有利于统整后的迅速改组。该案例成为日本私立大学合并史上的重要参考案例。②庆应义塾大学和东京齿科大学合并。2020年11月6日，为了培养更多学识广博的牙医，东京齿科大学向庆应义塾大学提出合并协议，庆应义塾大学于11月26日同意了该协议。两校合并有助于加强品牌效应，吸引更多优秀学生，提升学校竞争力。

日本社会严峻的人口危机给日本高等教育市场带来前所未有的变化。大学入学适龄人口的减少、国立大学法人化、地区性国立大学招生名额的增加、国立大学和公立大学的学费低于私立大学，这些使日本私立大学面临着严峻的招生不足现象，并引发经营危机。在面临少子化冲击时，日本政府制定了各种应对策略，使学校转危为安，维护了学生受教育权和教职员工作权，维持了学校运营。

私立大学在日本高等教育中担任着基础角色，为培养专业且多元化的人才提供了保障。私立大学同其他大学的合并与合作、私校公立化政策，既凸显了各个大学的特色和强项，也能提高地方私立大学的声望，并吸引更多本地生和外地生前来求学。但求学报名人数激增仅是短暂现象，中央政府的财政负担也会因此加重。即便在合并、合作或公立化后，私立大学也要正视其所面临的问题和挑战，其具体做法如下：①转变学校经营策略，规划学校整体发展方向，妥善调整、整合学院和专业设置，积极发展本校特色专业。②采取策略联盟，整合资源，多元发展，增强学校竞争优势。③提升教师水准，提供多样课程，实施优质教学，提升国内外学生就读意愿。④统筹有限资源和经费，以提高组织运作效能。

目前，我国民办高校面临一些同日本私立大学相似的境遇，日本私立大学治理策略为我国民办高校治理或转设提供了科学参考和历史借鉴。我国以维护学生和教师权益为首要前提，适时建立大学经营预警机制，令退场方式多样化。同时，民办高校要正面应对办学问题，优化办学层次结构，注重凝练办学特色，调整学科结构，积极调动社会力量，构建差序办学格局，引导优化区域办学结构，严格遵守政府政策和接受资金支持。

第 6 期
英国与澳大利亚寄宿制学校法律法规综述

李玮姝

内容提要

寄宿制学校是我国当前义务教育阶段的重要学校形态之一，加强寄宿制学校建设是社会各界的热议话题，也是教育行政主管部门关注的重要问题。为充分借鉴世界其他国家寄宿制学校建设经验，本文综述了英国与澳大利亚寄宿制学校的法律法规与规范性文件。英国制定了寄宿制学校的国家最低标准，立法督导寄宿制学校。澳大利亚寄宿制学校的法律体系则为国家标准与各州规定并行。

一、英国寄宿制学校的法律法规与规范性文件

英国寄宿制学校历经6个世纪实践，历史悠久、建设经验丰富。进入21世纪，英国注重寄宿制学校的基础规范与督导检查，逐步形成了比较完备的寄宿制学校保障与管理体系。

（一）规定寄宿制学校最低标准

2012年11月，根据《1989年儿童法》（Children Act 1989）与《2000年保育标准法》（Care Standards Act 2000），以及《2011年教育法》（Education Act 2011）的要求，英国教育部出台了《寄宿制学校：国家最低标准》（Boarding Schools: National Minimum Standards），对寄宿制学校管理规范、寄宿制学校教职员工的行为规范及其他可能接触到学生的人员（包括教职员工家属、学校来访人员、校内物资供应商等）提出明确要求。该文件不仅是寄宿制学校管理教职员工的工作指南，也是社会与家长监督学校办学行为以及学生维护自身权益的重要依据。2022年9月，为进一步确保寄宿制学校提供高质量教育教学服务与保障寄宿生福祉，英国教育部发布了最新版《寄宿制学校的国家最低标准》（National Minimum Standards for Boarding Schools）。该文件适用于英格兰所有寄宿制学校，要求学校在遵守标准的同

时发展自己的精神与方法，以满足学生的个人需求。

《寄宿制学校的国家最低标准》提出了 10 个方面共计 23 项的最低标准。

1. 治理、管理与领导层

包括 3 项最低标准：①寄宿原则与工作声明。该标准要求寄宿制学校向家长、监护人、寄宿学生公布学校寄宿的原则与工作声明，并确保该声明在日常工作中得以有效运行。②寄宿管理与发展。该标准要求学校领导层与管理层应具备与其职责相匹配的知识与技能，教职员工应知识渊博、经验丰富，学校应遵守、保存、监督有关防治校园暴力、儿童保护、药物使用、健康安全、对特殊学生提供服务、校外人员入校、制裁与约束、奖励的政策与文件。③包容、平等与多样性。寄宿制学校应根据《2010 年平等法》（Equality Act 2010）的规定，保证寄宿学生免受年龄、残疾、变性、婚姻、怀孕与生育、种族、宗教信仰、性别、性取向等方面的歧视。

2. 寄宿与膳食供应

包括 3 项最低标准：①住宿。该标准要求寄宿制学校为寄宿生提供优质住宿环境，保护寄宿生个人隐私，为残疾寄宿生提供无障碍宿舍，安装与使用闭路电视应遵守《英国通用数据保护条例》（UK General Data Protection Regulations）与《2018 年数据保护法》（Data Protection Act 2018）。②寄宿生个人财产。为寄宿学生提供定期洗涤衣物与床品等服务，安全保管寄宿学生的金钱与贵重物品等。③饮食供应。寄宿制学校应为所有寄宿生提供餐饮便利设施，以及种类繁多、数量充足、优质且营养均衡的膳食，并为残疾学生提供适当的用餐帮助。

3. 健康与福祉

包括1项最低标准：寄宿生保健。该标准要求学校制定学生保健政策，照护患有疾病或身体不适的学生，确保学生的身心健康与情感幸福，接受皇家药学会（Royal Pharmaceutical Society）与皇家护理学院（Royal College of Nursing）的指导。

4. 网络安全防护

包括1项最低标准：安全防护。寄宿制学校应确保学生网络使用安全，防止儿童遭受网络霸凌。

5. 健康与安全

包括2项最低标准：①寄宿生安全。该标准要求寄宿制学校制定健康与安全政策，保证教职员工接受相关培训，制定紧急事件应对程序。②防火措施与演习。该标准要求寄宿制学校严格遵守《2005年消防安全监管改革令》［Regulatory Reform (Fire Safety) Order 2005］的要求，并且每学期至少进行一次消防演练。

6. 寄宿生权利、支持服务与投诉

包括4项最低标准：①寄宿生入学培训与个人支持。该标准要求寄宿制学校为新生开设入学培训，帮助寄宿生了解获得支持服务的程序。②与家长或监护人联系。寄宿制学校应提供电子通

讯渠道，便利寄宿生联系家长或监护人。③寄宿生言论自由。该标准要求寄宿制学校鼓励寄宿生积极发表个人意见，并保护寄宿生的善意言论。④投诉。该标准要求寄宿制学校根据《2014年私立学校教育标准条例》［Education (Independent School Standards) Regulations 2014］制定有效的投诉政策，建立投诉渠道，保护善意投诉。

7. 促进积极行为与良好关系

包括3项最低标准：①促进积极行为。该标准要求寄宿制学校创造安全的校园环境，推动学生保持善良的品质与端正的态度，以《1996年教育法》（Education Act 1996）为指导，合理、合规、合法检查寄宿生个人物品。②防止霸凌。该标准要求寄宿制学校制定并实施积极的反霸凌策略，为被霸凌学生提供心理疏导服务。③促进良好关系。该标准要求寄宿制学校根据《2017年儿童与社会工作法》（Children and Social Work Act 2017）的要求，开设两性关系与性教育课程，防止犯罪暴力、性暴力、儿童虐待等问题。

8. 寄宿生个人发展

包括1项最低标准：课余活动与自由支配时间。该标准要求寄宿制学校创造并提供趣味盎然的环境，鼓励寄宿生发展个人情感、智力、社交、创造力、身体技能等，并且确保寄宿生课余时间充足。

9. 人员配置与监督

包括4项最低标准：①教职员工招聘。该标准要求寄宿制学校根据《2014年私立学校教育标准条例》与《2009年英格兰学校人员配置条例》［School Staffing (England) Regulations 2009］的规定，规划教职员工的招聘程序。②人员配备与监督。该标准要求寄宿制学校的教职员工与志愿者接受入职培训，明确教职员工配偶、伴侣或其他成年家庭成员与寄宿公寓楼的界线，严禁教职员工与学生进行不当的一对一接触。③纪律监督。该标准要求寄宿制学校的监督机制赋予纪律监督员适当的具体职责，并对监督员进行充分的培训与监督，以防止其职责滥用。④教育监护人。该标准要求寄宿制学校按照法定程序聘任教育监护人，并定期检查其教育监护工作。

10. 校外寄宿

包括1项最低标准：校外借宿与寄宿家庭。该标准要求学校须向家长、监护人、寄宿生明确是否采用校外借宿与寄宿家庭机制，定期检查校外借宿与寄宿家庭环境，定期征询在校外借宿或在寄宿家庭住宿的学生意见。

（二）立法督导寄宿制学校

英国出台寄宿制学校督导条例，以立法形式为《寄宿制学校的国家最低标准》的有效实施保驾护航。2016年，英国教育标准局（Office for Standards in Education, Children's Services and Skills, Ofsted）制定《学校寄宿与住宿设施检查指南》（Handbook for Inspections of Boarding and Residential Provision in Schools）与《学校寄宿与住宿设施检查》（Inspection of Boarding and Residential Provision in School），二者协同联动，协助督导员检查英格兰寄宿制学校的设施，帮助寄宿制学校理解督导检查，为寄宿制学校提高食宿供应水平、保证寄宿生的生活质量提供参考。2023年3月，根据《2006年教育和检查法》（Education and Inspections Act 2006）、《2002年国家护理标准委员会关于学校与学院检查的条例》[National Care Standards Commission (Inspection of Schools and Colleges) Regulations 2002]、《1989年儿童法》、《寄宿制学校的国家最低标准》以及教育部发布的法定指导意见等法律法规与规范性文件，英国教育标准局修订了《社会关怀共同检查框架：寄宿学校与特殊寄宿学校》[Social Care Common Inspection Framework (SCCIF): Boarding Schools and Residential Special Schools，以下简称《社会关怀共同检查框架》]。《社会关怀共同检查框架》为英国最新版、最权威的寄宿制学校督导框架，并非"一刀切"式条例，其评价标准反映了不同类型儿童社会护理服务的独特性质。该框架指出，寄宿制学校督导组应根据《英国教育标准局2022—2027年总体战略》（Ofsted Strategy 2022–27）的要求，保持明智、负责、专注的督导工作态度；坚守以生为本、理性客观、自省自警的督导工作原则；履行《2010年平等法》规定的工作职责。《社会关怀共同检查框架》以检视儿童生活与发展为核心，督导工作重心聚焦于寄宿制学校服务对儿童生活的影响，辅之以对政策与程序的研究。

《社会关怀共同检查框架》制定了以下3项寄宿制学校的督导评价标准。

1. 儿童整体经历与综合进步

该标准要求寄宿制学校提供相关证明材料，包括学校人文关怀与个性化支持服务，以及该类服务对学生整体经历的影响与综合进步的促进作用；教职员工、学生、家长间的关系疏密；学生在身体健康、心理健康、教育、情感、社会方面的经历与进步；学校对学生个人观点与诉求的理解与回应；学生在校日常生活的体验感；学生对未来发展的准备进程与过渡管理等。

2. 寄宿制学校帮助与保护儿童的成效

该标准要求寄宿制学校提供相关证明材料，包括学校风险识别、评估与管理情况；学校对存在潜在伤害风险的儿童采取的行动；教职员工管理学生纪律与促进积极行为的措施；学校制定并实施的学生保障政策是否合法。

3. 领导层与管理层的有效性

该标准要求寄宿制学校提供相关证明材料，包括领导者与管理者是否对所有学生一视同仁；领导者与管理者是否优先考虑学生需求；领导者与管理者了解学生的程度；领导者与管理者是否了解学校的优势与不足，是否采取有效行动；学生住宿设施是否达到既定标准；领导者与管理者积极促进平等与多样性的程度。

督导检查结束后，督导组将参考《寄宿制学校的国家最低标准》向寄宿制学校提供明确的改进建议并进行打分，分数包括优秀、良好、接近良好（需要改进）、不合格 4 个等级。此外，《社会关怀共同检查框架》还规定了寄宿制学校督导检查工作的记录方式、取证方法、反馈步骤等要求。

二、澳大利亚寄宿制学校的法律法规与规范性文件

澳大利亚寄宿制学校的立法与监管要求因其所在州或地区而异，除普通法规定的一般法律义务外，还有一系列立法与规定。2015 年，澳大利亚提出寄宿制学校的国家共同框架。目前，澳大利亚寄宿制学校法律体系为国家标准与各州自制的管理条例并行。

（一）寄宿制学校的国家标准

2006 年，澳大利亚为保障寄宿学生的福祉、促进寄宿制学校教职的员工利益、规范寄宿制学校的管理，成立了澳大利亚寄宿学校联盟（Australian Boarding Schools' Association, ABSA）。2015 年 7 月，澳大利亚寄宿学校联盟资助并发布了《澳大利亚寄宿学校与住宿标准》（Boarding Standard for Australian Schools and Residences）。该标准由澳大利亚寄宿协会（Boarding Australia）、国家天主教教育委员会（National Catholic Education Commission）、澳大利亚私立学校校长联盟（Association of

Heads of Independent Schools of Australia）、澳大利亚圣公会学校（Anglican Schools Australia）、昆士兰路德会教育（Lutheran Education Queensland）机构、校长协会、家长协会等利益相关方协商制定，旨在推动寄宿制学校为寄宿生提供安全、健康、高效的学习与生活环境。2021年3月，澳大利亚寄宿学校联盟发布最新版《澳大利亚寄宿学校与住宿标准》，该标准共包括6个章节（参见图1），适用于澳大利亚所有寄宿制学校，为澳大利亚寄宿制学校提供的寄宿服务确立了基准。

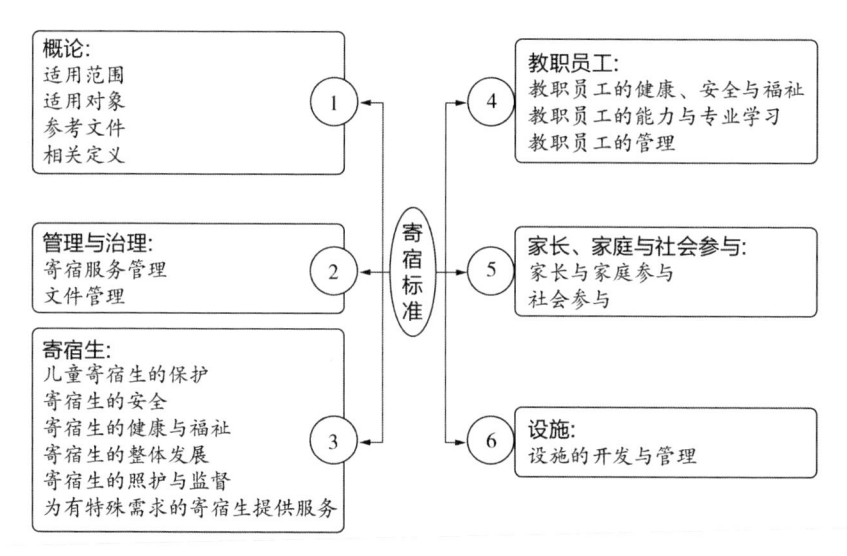

```
概论:                                            教职员工:
适用范围                                          教职员工的健康、安全与福祉
适用对象              1 ─────→ 4                  教职员工的能力与专业学习
参考文件                                          教职员工的管理
相关定义
                              寄
管理与治理:                    宿        家长、家庭与社会参与:
寄宿服务管理          2          标  →ー→ 5    家长与家庭参与
文件管理                      准        社会参与

寄宿生:
儿童寄宿生的保护
寄宿生的安全
寄宿生的健康与福祉    3            →ー→ 6    设施:
寄宿生的整体发展                               设施的开发与管理
寄宿生的照护与监督
为有特殊需求的寄宿生提供服务
```

图1 《澳大利亚寄宿学校与住宿标准》主要内容示意图

（东北师范大学国际教育法治研究中心 译制）

1."概论"章节

强调寄宿制学校在遵守联邦、州、地区制定的法律法规基础上，应"建立、记录、宣传、实施、维护、审查"学校的管理框架，

且该管理框架应全面涵盖"治理、风险、合规、政策"（governance, risk, compliance and policy, GRC&P）等内容，而非是"一口咬死"的框架。

2. "管理与治理"章节

规定寄宿制学校管理与日常运营的最低要求，包括：寄宿制学校应遵循《澳大利亚风险管理标准》（Australian Risk Management Standard）的指导方针，提供持续改进的寄宿服务，制定、实施、备份寄宿管理政策与程序，以及财务管理等内容。

3. "寄宿生"章节

涉及寄宿生的保护、安全、健康、照护、发展等要求，包括7个子章节：①"寄宿生是所有寄宿服务的重点"的一般说明；②儿童寄宿生的保护；③寄宿生的安全；④寄宿生的健康与福祉；⑤寄宿生的整体发展；⑥寄宿生的照护与监督；⑦为有特殊需求的寄宿生提供服务，包括海外寄宿生、来自偏远地区的寄宿生、原住民寄宿生、残疾寄宿生、有特殊教育需求的寄宿生等。该章节要求寄宿制学校遵守《儿童安全组织的国家原则》（National Principles for Child Safe Organisations）及其所在州或地区管辖范围内适用的法律法规。

4. "教职员工"章节

要求寄宿制学校制定关于教职员工健康、安全、福祉、能力、专业学习与管理的制度框架，且应包括4个子部分：①关于"教职员工提供优质服务的重要性"的一般说明；②教职员工的健康与福祉，要求寄宿制学校考量当前教职员工工作的健康与安全程序，以及风险管理系统；③教职员工的能力与专业学习，要求寄宿制学校每年为所有教职员工提供适合其角色与背景的相关专业学习；④教职员工的管理，要求寄宿制学校制定教职员工征聘政策与程序、行为守则、职务说明和工作手册等。

5."家长、家庭与社会参与"章节

要求寄宿制学校加强与学生家长、家庭、社会组织的合作，以此提高寄宿服务质量，更好保障寄宿生的福祉。该章节包括3个子部分：①关于"社区伙伴关系对寄宿生的支持与福祉的重要性"的一般说明；②家长与家庭参与，规定学校与寄宿生家长及家庭互动的要求，寻求并促进家长与家庭参与政策制定与决策的必要性；③社会参与，要求寄宿制学校制定并落实与合作学校、社会服务机构和社会组织建立关系的协议。

6."设施"章节

涉及寄宿制学校的各方面要求，包括寄宿生人员安排、寄宿设施的维护与清洁、寄宿设施的改善与升级等。

（二）各州的寄宿制学校管理规定

澳大利亚寄宿制学校分为公立与私立学校。澳大利亚首都领地（Australian Capital Territory, ACT）、维多利亚州（Victoria,

VIC)、新南威尔士州(New South Wales, NSW)、塔斯马尼亚州(Tasmania, TAS)、西澳大利亚州(Western Australia, WA)均出台了针对私立寄宿制学校的规定；北领地(Northern Territory, NT)与昆士兰州(Queensland, QLD)关于寄宿制学校的规定只适用于公立寄宿制学校；南澳大利亚州(South Australia, SA)暂未制定专门的寄宿制学校规定，但该州要求寄宿制学校必须遵守一般法律义务，以确保学生的安全与福祉。

1. 维多利亚州关于私立寄宿制学校的规定较为完善

1949年，维多利亚州成立了维多利亚州私立学校协会(Independent Schools Victoria, ISV)，旨在规范包括寄宿制学校在内的私立学校。2019年9月，维多利亚州私立学校协会发布了最新版《关于寄宿制学校的政策与程序》(Policies and Procedures for Boarding Schools)，该文件要求维多利亚州私立寄宿制学校必须提供安全、健康、可靠和支持性的寄宿环境，并且必须向所有寄宿生、家长、教职员工提供一份明确、全面的学校目标说明。

（1）《关于寄宿制学校的政策与程序》规定维多利亚州私立寄宿制学校政策的内容框架。《关于寄宿制学校的政策与程序》规定，寄宿制学校在制定学校政策时，其政策内容应包括但不限于：①合理的移动电话使用；②合理的互联网使用；③事故与疾病；④寄宿生个人医疗管理，包括学生家长或监护人关于学生急救与医疗管理的同意书与通知书；⑤学生行为管理，包括但不限于停学、驱逐、开除；⑥霸凌与骚扰；⑦寄宿生家长与学校教职员工沟通的渠道，包括电话号码、电话定位、通话时间段、学生电子邮件地址、教职员工电子邮件地址、传真号码；⑧寄宿公寓楼的日常管理；⑨争议与投诉；⑩着装规范，包括制服、正装、休闲服；⑪药物使用政策；⑫隐私政策；⑬寄宿生的权利与责任；⑭风险管理；⑮性骚扰与身体接触；⑯针对不同寄宿情况的具体规定，如日间寄宿、周寄宿、全日制寄宿；⑰教职员工招聘；⑱恐怖主义与炸弹威胁。

（2）《关于寄宿制学校的政策与程序》针对有关寄宿制学校应履行的照护责任，做出如下规定。维多利亚州私立寄宿制学校的照护责任与服务包括但不限于：① 24 小时医疗保障；② 24 小时安保服务；③寄宿生例行事务；④遵守儿童保护立法；⑤制定紧急疏散预案与程序；⑥组织寄宿生集体远足活动；⑦提供营养均衡的餐食；⑧制定校历，包括工作日与周末的日程安排；⑨课后作业以及课后作业支持服务；⑩识别并支持有特殊需求的学生；⑪防治传染病；⑫提供餐厅与寄宿公寓楼的厨房设施；⑬确认休假与差旅安排；⑭确保职业健康与安全；⑮制定场内与场外活动协议；⑯确保寄宿生个人物品安全；⑰制定寄宿生（故意）自我伤害的处理政策；⑱寄宿生的监管政策；⑲组织水上活动。

（3）《关于寄宿制学校的政策与程序》对寄宿制学校的书面记录做出规范。寄宿制学校应保存准确的书面记录，记录应包括但不限于：①儿童保护与怀疑；②争议与投诉；③应急演习；④医疗记录，包括寄宿生的用药记录、治疗与急救、严重疾病与伤害，寄宿生家长关于寄宿生治疗的许可；⑤寄宿生的个人信息记录；⑥寄宿生家长许可与信息表格；⑦所有可以接触寄宿生的教职员工与志愿者名单。

（4）《关于寄宿制学校的政策与程序》对寄宿制学校的建筑与环境提出以下要求。①寄宿制学校的所有建筑均应适用于包括残疾学生在内的全体寄宿生，应确保学校建筑物适合学生睡觉与休息、学习、用餐，有适当的盥洗设施、储存设施、自然光与人工照明、自然通风与机械通风系统，确保安全可靠并保护寄宿生隐私，有足够的空间；②寄宿制学校应提供愉快的、提升幸福感的校园环境；③学校应制定健康、安全、安保风险管理程序，包括危险建筑材料的处理问题；④校园内所有建筑物均应配备24小时安保系统；⑤学校建筑物应符合澳大利亚建筑规范委员会（Australian Building Codes Board）与维多利亚州建筑管理局（Victorian Building Authority）制定的标准。

（5）《关于寄宿制学校的政策与程序》对寄宿制学校的设施与设备做出以下规定。①《澳大利亚建筑规范法规》（Australian Building Code Regulation）第709条规定，寄宿制学校建筑物必须安装硬线烟雾警报器或烟雾探测器；《澳大利亚建筑规范法规》第710条规定，宿舍公寓楼应安装消防喷淋装置；硬线烟雾警报器、烟雾探测器与消防喷淋装置的安装数量取决于建筑物的大小与布局。②寄宿制学校建筑物还应安装以下安全装置：自动灭火系统、应急照明、安全出口指示标志、防火门、灭火器、消防水带、消防栓、实心门、排烟系统。③寄宿制学校还须遵守一级或二级食品经营场所的规定；若学校餐食由校外食品公司制作或提供，该类餐食应遵守《维多利亚州食品标准》（Victorian Food Standards）的规定。

（6）《关于寄宿制学校的政策与程序》提供有关寄宿制学校教职员工的指导意见。①寄宿制学校应配备足够数量的寄宿教职员工，以满足寄宿生需求；②每位寄宿教职员工或志愿者须拥有文字记录与上岗许可证；③寄宿教职员工应拥有急救培训经验，接受入职培训，了解并履行其法律义务，了解并实践学校寄宿政策与程序；④寄宿生指导教师应确保寄宿生的生活与卫生标准落实，确保学生按时上课，规范学生纪律与行为，为学生提供辅导服务，弘扬学校理念，安排并监督学生的智力、身体、精神发展活动。

2. 昆士兰州关于公立寄宿制学校的规定较为典型

2020年7月，昆士兰州教育部发布《州立学校注册学生的寄宿设施安全与健康程序》（Safety and Wellbeing of Students Registered at a State School Boarding Facility Procedure），旨在确保寄宿生获得积极的寄宿体验与支持，以及为公立寄宿制学校运营提供指导意见。该文件要求：①昆士兰州地方主管或地方代表应为公立寄宿制学校校长提供指导与帮助，确保学校寄宿设施符合《澳大利亚寄宿学校与住宿标准》，确保所有寄宿生机会平等，为申校失败的学生提供其他公立寄宿制学校的招生信息，以及支持校长根据《2019年昆士兰州人权法案》［Human Rights Act 2019（Qld）］合理调整寄宿设施，以满足残疾寄宿生的特殊需求。②公立寄宿制学校领导层与管理层应遵守相关立法、政策与程序，确保寄宿设施满足《澳大利亚寄宿学校与住宿标准》与《儿童安全组织的国家原则》，确保教职员工持有蓝卡（Blue Card），确保教职员工接受专业培训，确保教职员工了解《2006年昆士兰州一般教育法》[Education(General Provisions)Act 2006(Qld)]与《2009年昆士兰州信息隐私法》[Information Privacy Act 2009(Qld)]规定的义务，公平、公正处理学生的入学申请，确保寄宿设施符合健康与安全法规，促进学生的健康与福祉，以及充分考虑残疾寄宿生的特殊需求，并在一定情况下与国家残疾保险计划（National Disability Insurance Scheme）合作，为残疾寄宿生提供支持服务。③教职员工应持有蓝卡，遵守昆士兰州教育局的政策、程序与指南，接受专业寄宿培训，为包括原住民在内的不同文化背景的学生提供适当支持与过渡服务，积极促进学生的幸福感与心理健康，满足学生的特殊寄宿需求；④寄宿生父母或监护人应遵守寄宿协议、积极参与学校关于寄宿生的定期讨论、向校长提供关于寄宿政策与程序的反馈；⑤学生遵守寄宿协议、寄宿手册的规定与要求、寄宿生行为准则手册以及其他政策与程序，及时寻求教职员工的帮助，向校长提供关于寄宿政策与程序的反馈。

3. 南澳大利亚州寄宿制学校普遍遵守一般法律规定

例如《2013年澳大利亚教育法（英联邦）》[Australian Education Act 2013(Commonwealth)]、《2013年澳大利亚教育条例（英联邦）》[Australian Education Regulation 2013(Commonwealth)]、《2016年儿童与青少年监督与倡导机构法》[Children and Young People(Oversight and Advocacy Bodies)Act

2016]、《2017年儿童与青少年监督与倡导机构条例》[Children and Young People（Oversight and Advocacy Bodies）Regulations 2017]、《2019年教育与儿童服务法》（Education and Children's Services Act 2019）、《2020年教育与儿童服务条例》（Education and Children's Services Regulations 2020）、《2008年南澳大利亚州技能法》（South Australian Skills Act 2008）、《2021年南澳大利亚州技能条例》（South Australian Skills Regulations 2021）、《2004年教师注册与标准法》（Teachers Registration and Standards Act 2004）、《2021年教师注册与标准条例》（Teachers Registration and Standards Regulations 2021）、《1975年技术教育与继续教育法》（Technical and Further Education Act 1975）、《2012年职业教育与培训（英联邦权力）法》[Vocational Education and Training（Commonwealth Powers）Act 2012]等法律法规。

第 7 期
法人化视域下
日本大学财政运行体制

高 露

内容提要

2004年4月起，日本推动国立大学法人化政策，以期提高国立大学运作的自主权与竞争力；但实施迄今发现，各校为争取更多经费，几乎皆以发展成"小型东京大学"为目标，力争所有学科领域都能有优秀表现，从而导致学校办学缺乏特色。为改变此状况，日本政府先以国立大学为改革对象，要求86所国立大学必须重新定义其学校使命与职能，并通过政府补助之非平衡分配制度来达成政策目标。

一、少子化视域下日本大学面临多重现实困境

2018年，日本18岁人口再度转入减少期（亦称"2018年问题"），致使大学就学人数逐年减少。许多大学面临招生不足的窘境，致使其财政收入缩减、财政收支出现赤字、师资人力过剩、院系裁并、管理层级弊端凸显和教育品质不佳等，进而深深影响学校总体经营绩效，使部分大学面临经营困境甚至遭遇关闭危机。如何防止少子化问题所产生的经营压力，已成为日本大学亟需解决的问题。

（一）生源危机

据日本文部科学省的调查报告显示，1992年，日本18岁人口达到205万，之后逐渐下滑；2014年，日本18岁人口已降至118万；之后虽略有回升，但2018年18岁人口再次降至118万；2021年，日本18岁人口是114万，较上年减少约2.6万（减少约2.2%），减少人数创历年新低。据文部科学省推算，未来日本18岁人口的减少趋势将会更加明显，2031年将低于100万，2040年有可能减少至88万。随着18岁人口持续性减少，日本的大学入学适龄人口亦将随之减少（如图1所示）。相对地，日本的大学数量有逐渐增加的倾向。2022年5月1日，日本文部

| 2023年国外教育法治动态

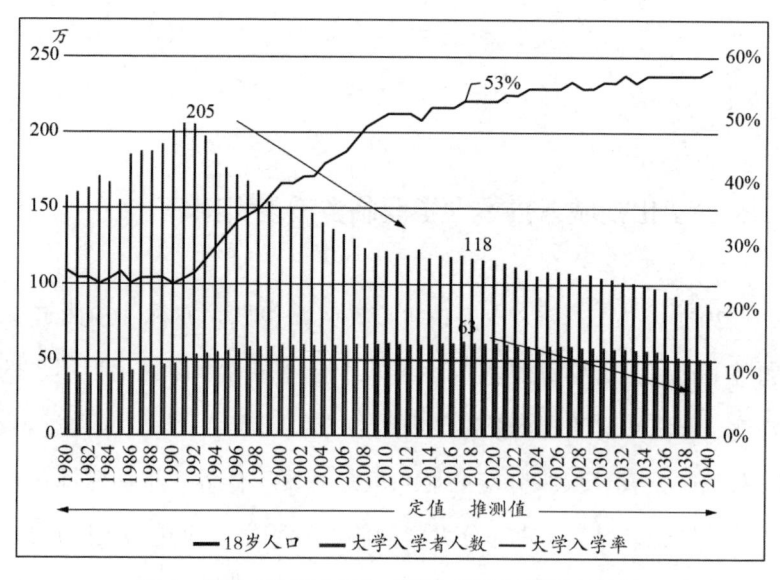

图1 日本18岁人口和大学入学人数推算数据图

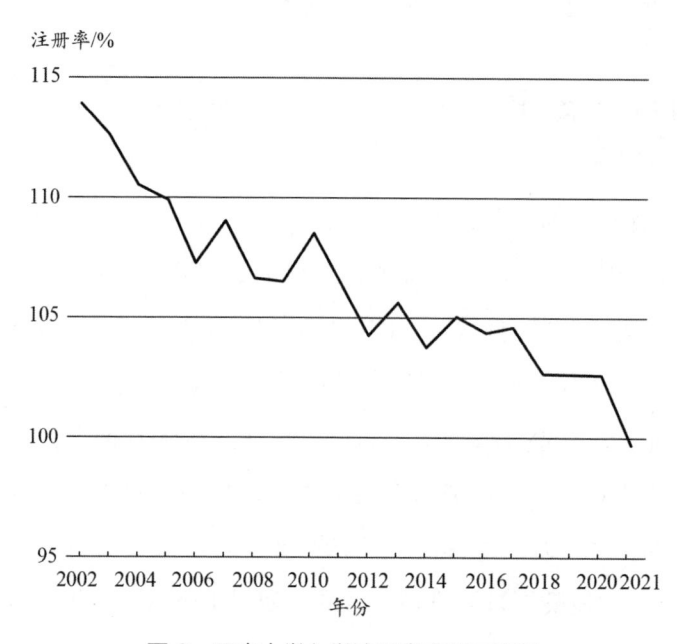

图2 日本大学入学注册率变化示意图

科学省开展学校基本情况调查。该调查数据显示，日本共有807所高校，其中国立大学有86所，公立大学有101所，私立大学有620所。由表1可见，日本私立大学的数量在2019—2021年持续增加，2022年减少1所。2021年9月28日，日本私立学校振兴与共济事业团公布了2021年大学注册率。本次调查对象是597所大学，且排除了已停止招生的学校。根据该调查结果显示，日本大学的春季整体入学人数低于招生人数，注册率是99.8%，这是自1999年调查以来首次跌破100%（如图2所示）。此外，有277所（46.4%）大学的注册率低于100%，与2020年相比增加了93所。从学校规模来看，招生人数在3000人以上的学校的注册率为99.9%，增加了8%；招生人数在1500—3000人的学校的注册率为101.3%，减少了1%；招生人数在300—400人的学校的注册率为95.2%，减少了9.2%；招生人数不到100人的学校的注册率为87.2%，减少了10.1%（如图3所示）。由此可见，规模越小的学校注册率越低，下滑趋势最为明显。此外，约四成大学未能达到预定招生人数，已演变成一个慢性化减少状态，直接冲击着大学的经营，攸关高校生存。

表1 2019—2022年日本大学数量　　　　　　单位：所

	2019年	2020年	2021年	2022年
国立大学	86	86	86	86
公立大学	93	94	98	101
私立大学	607	615	621	620
合计	786	795	805	807

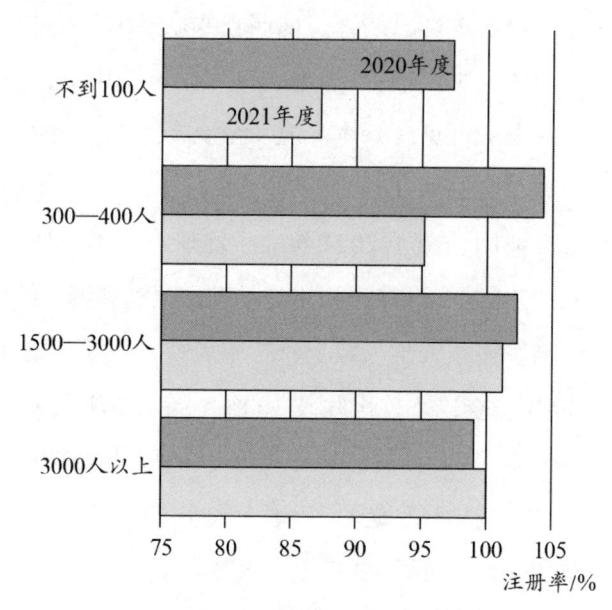

图3 日本不同招生规模大学注册率示意图

（二）大学补助金缩减

  日本私立高等教育经费来源广泛、渠道多样。日本私立大学的财政收入主要由学费收入、政府补助金、社会捐赠和学校创收收入构成。其中，学费收入占据主导地位，其次是政府补助金。因18岁人口持续性减少，地方国立大学扩招，私立大学学费高于国立大学，加上教学科研水平和社会声望较低，使部分私立大学学生人数减少，故私立大学收入随之减少。日本大学财政对学生学费等缴纳金依赖度很高，一旦入学学生数减少，加上高昂的办学成本，就会直接危及大学的生存。虽然大学整体上面临的形势不容乐观，但是各个大学之间存在差异，其财务状况与学生规模、创立时间和地理位置均有着密切关系。

为了改善私立大学的教育和研究条件，减轻学生负担，提升教育质量和改善经营，日本中央政府向私立大学和短期大学提供补助金。1975 年，日本颁布《私立学校补助金法》，为私立大学提供所需经费。补助金是日本政府调控大学规模的重要手段。新版《私立学校振兴援助法》第 1 条明确规定了私立学校角色的重要性，国家与地方政府应给予私立学校补助，维持与提升私立学校的教育条件，减轻私立学校学生在学习上的经济负担，并提升私立学校的健全性；第 4 条规定，对设置大学或高等专门学校的学校法人所需经费，国家可以补助到二分之一以内。补助金分为一般补助金和特别补助金，一般补助金主要依据学生人数和教职员人数，特别补助金主要针对特色教育研究。补助金占大学总收入的 9%，仅次于学费收入。政府补助金已成为大学重要财政来源，也是大学永续经营的关键因素。

随着大学数量的不断增加和生源缩减，日本政府逐渐降低了补助金额度（如图 4 所示），并设置了以下补助金减额的条件：①补助金与招生人数挂钩。一方面，如果大学招生情况不佳、注册率低于 50%，则不予补助；如果注册率在 50%—100% 之间，则扣除部分补助金。另一方面，为了地方振兴和缩减城乡差距，日本文部科学省严格限制都市地区的大学招生名额，并于 2016 年颁布政策规定"如果都会区的大学招生人数超过招生名额的 1.1 倍至 1.3 倍，将不给予补助金"，希望通过取消补助金来限制都会大学扩大招生人数。②连续 5 年出现财政赤字。③学校教育品质评估结果不佳。④学校财务信息不透明。如果学校未在官网公

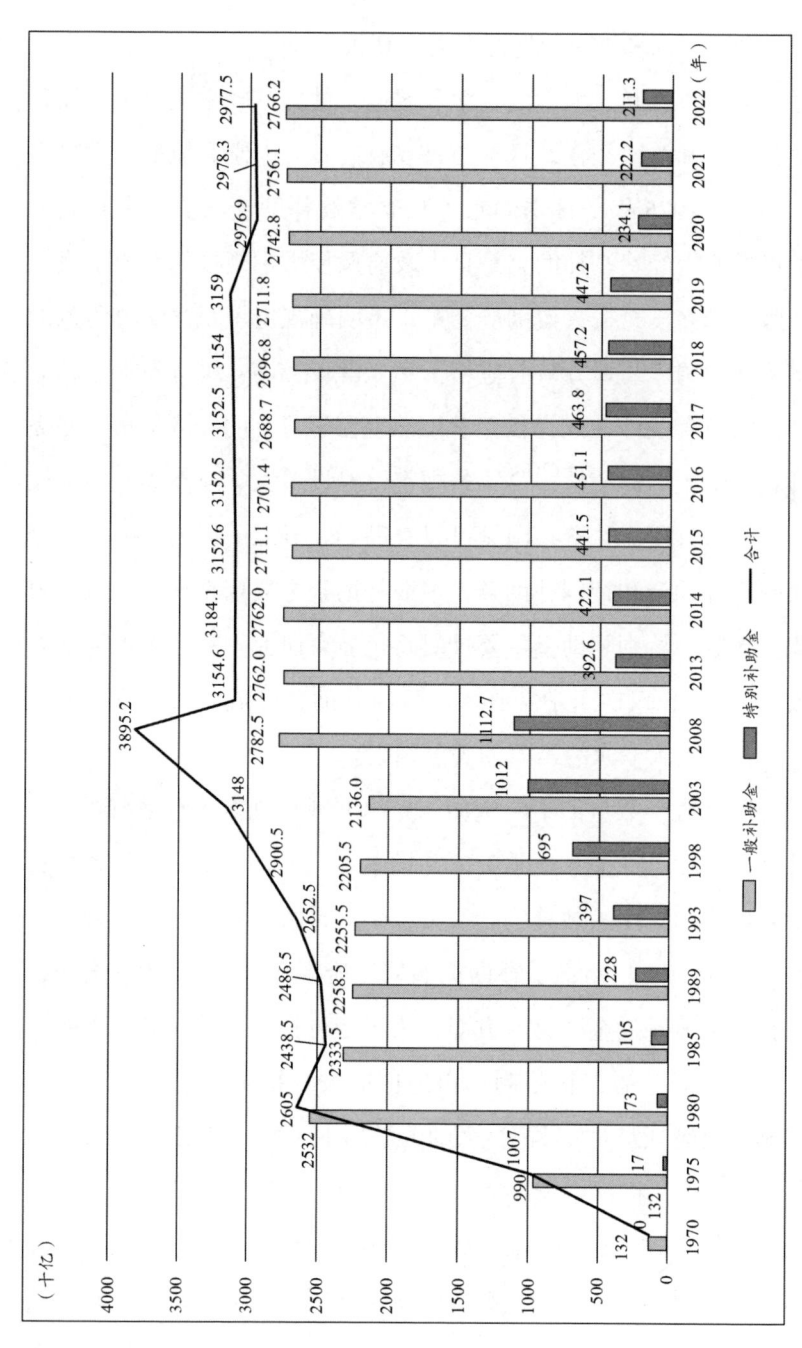

图 4 日本大学补助金发展图

布财务信息，则其补助金额将被缩减15%，未来可能会被缩减50%。⑤学校经营改善计划执行成效不佳。对经营状况不佳的学校，文部科学省会予以补助，协助其运营，以期改善经营状况，并会派遣第三方评价机构开展评估。但若大学经营改善计划的评估结果是缺乏实效性，则会对该校减少或停止补助。通过缩减大学补助金，以推动大学自力更生。

此外，部分日本大学出现财政赤字。2012年，日本帝国数据银行调查了605所大学，分析了2009—2011年有经营数据的359所大学（另外246所属于新设大学且规模较小）。在359所大学中，有146所出现财政赤字，有86所连续3年出现财政赤字。2011年，由于日本大地震的影响，又多出45所大学出现赤字状况。在少子化趋势下，这种困境将会持续发展。

（三）地方国立大学扩招冲击大学经营

有些国立大学毕业生因在当地发展受限而前往都会区发展，从而造成地方人才外流。从地方创生的角度，文部科学省同意地方国立大学增加招生名额，但对象限于首都圈1都（东京都）3县（埼玉县、千叶县和神奈川县）以外的地区性国立大学，大约有70所。该政策设置了3个限制性条件：①设置与当地企业界合作的组织，称为"地区合作平台"。让其成为多个高等教育机构、地方政府和企业合作平台，讨论区域未来发展愿景，展开合作，共同致力于地域产业发展，提供就业实习机会，创造就业机会，协助年轻人扎根当地。②通过地域奖学金培养多样化人才。

③与当地企业或邻近大学共同制定教育课程计划。符合上述条件者自 2022 年起增加招生名额，并将该政策纳入《地方·人才·事业创生综合战略》。地方国立大学扩招、国立大学学费较低及受传统价值观影响，促使更多学生报考国立大学，从而直接影响了私立大学的经营。

在少子化时代，大学数量和适龄入学人数形成供过于求的情形，衍生出相关问题，如教育资源和教育经费缩减、生师比下降、同质化、教学质量不佳、师资过剩、并校和废校等。鉴于此，日本政府积极制定策略，以改善大学的现实境遇，提升日本高等教育质量，以实现大学的永续发展。

二、日本国立大学法人化的发展周期

日本自 2004 年全面启动国立大学法人化后，即以 6 年为一个发展周期来促进大学发展，已完整度过 2004—2021 年的三个周期，其各期政策重点如下。

（1）第一个发展周期为体制变革期，期间为 2004—2009 年。当时，由于日本政府面临巨额财政赤字，为精简人事、提高效率和减少经费，高等教育财政制度的改革成为政府关注的重点项目之一。2004 年，日本政府推动国立大学法人化。此举是日本高等教育发展史上最重要的体制变革之一。在松绑对大学运作规定的同时，日本文部科学省也委托独立的国立大学评估委员会，对各校法人之校务发展计划执行成果进行评估，该评估结果将成为下一周期文部科学省决定各国立大学补助金额的参考。2004 年，国立大学法人化以来，国立大学财务制度面临大转换期。

（2）第二个周期为延续发展期，期间为2010—2015年。系以第一周期的变革内容为基础，持续强化绩效本位政府经费分配原则的影响范围。除了积极推出各项择优奖助的大型竞争性计划，企图以巨额经费协助少数大学获得更好的世界大学排名表现之外，日本政府也开始调整传统上以规模优先（即根据学生人数）为原则的基本需求经费补助方式，改以学生学习成效和教师研究成果等产出标准来取代投入指标。

（3）第三个周期为转型分类期，期间为2016—2021年。鉴于日本高等教育已出现同质化现象，日本政府期望各大学自主性调整其经营方向，借由其功能定位选择的差异发展自我特色，呈现更多样化的样貌。日本国立大学三种类型的内容说明如表1所示。

表1 日本国立大学的分类说明

类型	层级	说明
世界卓越	国际层级	学校能创造卓越的学术研究成果，致力于与世界一流大学竞争，从事能够扬名国际社会的卓越研究
特色领域	国家层级	学校能建立具有学校发展特色之专门教学与研究领域，致力于全国性的教育研究
地方贡献	地方层级	学校培养能够解决地方产业课题、创造新型产业人才，致力于振兴地方产业、为地方发展活力做出贡献

三、以政府补助为政策工具引导国立大学分类发展

日本国立大学法人化政策推动逾十年后，愈来愈多大学经营者发现，表面上学校法人在人事与财务运作方面获得一定程度的松绑；但事实上，日本政府通过逐年降低运营费交付金的方式，将政府的财政压力转嫁到大学身上。就实际数字观之，国立大学运营费交付金从 2004 年的 12416 亿日元降至 2016 年的 10 945 亿日元，12 年间共计减少 1471 亿日元，每年减少约 1%。与此同时，竞争性研究计划的补助金则从 2004 年的 1830 亿日元增至 2017 年的 2284 亿日元，增长幅度约为 25%。此补助方式的转变对地区性、非以研究为重点的大学的办学质量影响甚巨。此外，在巨额竞争性经费诱因的驱动下，日本大学普遍朝综合型大学方向发展，导致高等教育出现专业与学科同质化现象，不仅让政府经费配置重复且浪费，也对专业人才的培育造成负面影响。

有鉴于此，为协助高等教育机构提升质量，同时达成国立大学任务与功能分化之目标，日本政府进一步将目光聚焦在政府补助机制的改革上，引进了国立大学运营费交付金之非平衡分配制度。国立大学运营费交付金是指政府对国立大学运作所提供的基本需求补助款，传统上按照学校规模（包括教职员生人数）来计算，通过统一的经费计算基准进行公平配置。自 2016 年起，为配合新的分类发展政策，日本文部科学省开始从分配给各国立大学的运营费中先扣除约 1%（约 100 亿日元）的金额，再就这笔资金进行重新分配。重新分配标准根据各大学评估结果而定，且不同类型大学具有不同的评估指标，再据此评估各校的办学成效，并

针对表现优异、能够达成目标者分配较多的运营费交付金。文部科学省目前采用的分类评估指标主要分为以下五大项目（见表2）。

表2 日本国立大学的分类评估指标

指标项目	说明
会计制度改善情形	各学院和研究生院的预算管理和收支结算情形、校园内预算分配使用率、财务信息公开程度等
每位教职员所获得的外部补助金额	平均每位教职员的教学与研究计划经费补助，以及未指定用途捐款
青年教师人数比率	未满40岁的年轻专任教师占全体专任教师的比率
每笔运营费交付金产出的高质量文章数（仅世界卓越型大学使用此指标）	将2016—2018年被引用次数最高（TOP10%）的论文数除以运营费交付金，据此计算每笔运营费交付金所能产出的高质量论文数
教师升等制度、薪资制度与设备管理改革	教师升等制度与薪资制度的改革包括青年教师的调薪情形、年薪制的实施状况，以及各种留才揽才制度的推动情形；设备管理改革包括设备的更新、维护与运用情形，校方是否致力于将学校建成永续发展的校园

评估后若重新分配率为100%，则表示该校可获得与上一年度相同金额的补助金，反之则会被扣减经费。换言之，政府通过大学改革促进系数（即各校分类改革达标程度）来实施差异化的经费分配，即非平衡分配制度，借此奖励能在国立大学分类改革过程中设定具体目标、提出优秀改革方案并积极采取行动达成预定目标的大学。

根据2018年度日本国立大学运营费支付金重新分配结果（如表3所示），2018年度运营费支付金总额为19714亿日元，总计有94亿日元获得重新分配。在86所国立大学中，除1所大学（鹿屋体育大学）分配率为100%，补助金额未有更动之外，有39所大学（占45.3%）分配率超过100%，获得补助金额高于2017年度；相对地，另有46所大学（占53.5%）则为减额，获得补助金额低于2017年度。

表3　2018年度日本国立大学运营费支付金重新分配后的结果　单位：所

结果 类型	减额 未满80%	减额 80%以上、未满90%	减额 90%以上、未满100%	不变 100%	增额 100%以上、未满110%	增额 110%以上	总计
世界卓越	-	-	9	-	7	-	16
特色领域	1	1	5	-	7	1	15
地域贡献	2	7	21	1	17	7	55
总数	\multicolumn{3}{c}{46（53.5%）}	1（1.2%）	\multicolumn{2}{c}{39（45.3%）}	86（100%）

日本国立大学法人全体运营费交付金预算，从2004年的12415亿日元逐渐降至2015年的10945亿日元。截至目前，该运营费交付金预算未包含扶助金，从而使得运营交付金看似未遭削减。各个大学的运营费交付金的削减率，从2004年到2015年约为每年0.6%；2016年起，削减率根据各大学的表现和评估有所调整，上升至0.8%、1.0%和1.6%。

日本国立大学虽运营费交付金逐年削减，但竞争性资金却逐年增加。竞争性资金是政府为推进高等教育政策，以21世纪

COE 计划（2002—2009）为首，让大学通过提交申请并相互竞争，入选的大学可获得资金支持。入选该计划意味着国家对该大学为积极评价，因此各个大学相互竞争，以取得此资金。通过这一方式，国家能在有限的预算下推进政策。

竞争性资金在 2009 年达到最高峰 705 亿日元后开始减少，2018 年被削减为峰值时期的三分之一，变成 200 多亿日元。国家预算期结束后，各个大学仍被要求利用现有的预算继续该计划事业（教育、研究及社会贡献），但是各个大学财务吃紧，竞争性资金到期后，项目随即终止。最终，参加该计划事业的多数短期聘用的教师、研究员因项目结束而失去职位。此状况也被学者讽刺为"知识垃圾"或者"知识废弃物"。

科学研究费补助金（科研费）覆盖人文科学、社会科学、自然科学等所有领域，包含基础研究、实际应用等层次，旨在支持独创性、前沿性研究。科研费是一种基于研究者自由构想的研究（学术研究）资助制度，属于竞争性资金。截至 2013 年，科研费预算稳步增加。然而，之后部分其他预算被纳入该补助金项目，从而导致实际分配到的科研资金呈现削减趋势。

四、启示

引导大学适当分类和财政补助分配问题，向来是我国高等教育政策关注的重点，结合日本经验，对我国高等教育财政启示如下。

1. 分配评估标准强调自我评估而非跨校比较

　　解决大学定位不明与任务不清的问题，究竟应由政府进行政策干预，还是由大学自然演化形成？不同学者对此各持己见。我国近年虽不断通过各项高等教育竞争性计划引导大学定位发展，但其实并未做出强制性规定。反观日本的做法，则是通过半强迫的方式，强制大学必须先从三种发展类型中择定一种，要求各校据此制定 6 年期校务发展计划，同时设定关键绩效指标，政府每年再通过评估来检视学校的运营成果，最后根据评估结果来分配补助经费。

　　值得一提的是，日本大学的分类评估标准侧重于学校中程校务发展计划内自行设定的绩效指标的达成度。这种将中程校务发展计划、关键绩效指标、学校办学表现与政府经费补助等环节紧密联结的模式，一方面可协助大学从自己的角度出发，妥善规划未来发展方向；另一方面也能避免由政府直接提供一笔巨额经费供各大学自由竞争，从而导致大学为争取更多经费而忽略自身定位与特色的弊端。

2. 持续强化大学评估结果与政府经费补助的联结

　　日本从 2004 年实施国立大学法人化后，为确保高等教育质量也积极推动大学评估，同时不断强化评估结果与政府补助的联结，具体表现在以下两部分：①要求学校提出中程校务发展计划，文部科学省再参考计划执行评估结果来分配下一期的运营费交付金。②要求国立大学必须先确定自身发展类型，文部科学省则根据分类评估指标来评估学校的办学表现，查核各校目标达成度后，再依评估得分重新分配一小部分的运营费交付金（即基本需求补助）。

事实上，将评估结果与财政资助挂钩是一种重要的政策工具。只是该竞争性经费所占比重需被审慎考量，以免对大学的自主性与稳定发展造成负面影响。日本这种以自我设定目标达成情况为评估标准且仅将基本需求补助的1%进行重新分配的做法，可为我国目前仍以规模优先和历史考量为原则的大学基本运作经费补助机制提供调整参考。

日本政府配合大学法人化改革，废除了国立学校特别会计制度，允许学校的学费收入和附属医院收入等自筹经费项目无须上缴国库，借此提升国立大学经费筹措与运用的弹性。自2016年起，日本通过非平衡分配制度来引导国立大学的转型和分类发展，即从运营费交付金中扣除1%作为引导大学分类发展的奖励金，另通过大学分类评估结果进行重新分配。

政府补助是国立大学最重要的经费来源，日本政府这种突破传统规模优先原则，结合评估结果与政府补助，并以自我设定目标的达成程度为判断标准的做法，应可作为我国未来协助国内各大学寻找定位、推动大学分类发展政策的重要参考。

第 8 期
精准定位与系统布局：
德国早期化教育分流体制

高 露

内容提要

德国早期教育分流制度体现了学校教育的筛选和分类功能，学校成为筛选分类过程的守门人。德国优化分流体制机制的主要措施包括延缓分流、并三轨为二轨、畅通升学渠道。此外，德国还强化职业教育竞争力，主要体现为职业教育灵活化、职业教育和学术教育等值、附加职业资格等。

一、德国教育分流体制沿革

1538年，信仰路德新教的著名教育家约翰·斯图谟（Johann Sturm），合并了3所拉丁学校（Lateinschule）与文法学校（Grammatikschule），创建了德意志第一所文理中学，旨在培养一般性与学术性人才。1763年，普鲁士腓特烈大帝（Friedrich der Große，1712—1786）颁布了《普通学校规则》（Generallandschulreglement），规定义务教育为期八年，并且大量兴建属于职业教育的国民学校（Volksschule），为中下阶层的人民提供受教机会，使德国成为最早实行义务教育的国家，形成文理中学与国民学校的分轨制。文理中学和国民学校是无上下的平行关系，分属于高层次教育和低层次教育。

18世纪初，除了文理中学和国民学校外，其他类型的学校也开始登上德意志教育舞台，如文实中学（Realgymnasium）、高级实科中学（Oberrealschule）等。这些学校旨在培育专门人才，尤其是技术、自然科学方面的专门人才。19世纪初，德国工业与产业已有长足发展，社会对各类技术人才的需求增加，文实中学和高级实科中学成为资产阶级、新兴中产阶级子弟的求学首选。1787年，高级学校委员会主席卡尔·亚伯拉罕·泽德利茨（Karl Abraham Zedlitz）发表了《国家教育发展规划》（Gesamtplan fürein künftig vom Staat zu verantwortendes Unterrichtswesen），阐述了教育分流理念，即教育系统应分流为三条轨道，分别培育未来农民、市民（从事贸易与技艺手工业者）、学术性人才。1806年普法战争中，普鲁士惨败。1809年，威廉·冯·洪堡（Wilhelm von Humboldt，1767—1835）成为文化与公共教学部长（Sektion des Kultus und des öffentlichen Unterrichts），指出要拯救国家和民族，应推广普通教育（Allgemeinbildung），使民众成为公共事务的积极参与者，以此推动了德国现代教育体制发展。1819年，约翰·威廉·苏弗恩（Johann Wilhelm Süvern，1775—1829）提出《普鲁士学校制度建构共同法草案》（Entwurf eines allgemeinen Gesetzes über die Verfassung des Schulwesens im preußischen Staate），主张废除分轨制、实施统一制的普通教育，呼吁学校教育非为获得实用技能，以小学、普通城市学校（Allgemeine Stadtschule）、文理中学作为前后衔接的连续级别排列。1919年，《魏玛宪法》（Weimarer Verfassung）第146条明确规定，为国民建立四年制小学，并在小学基础上建立中级与较高级的学校体制（das mittlere und höhere Schulwesen）。自此，德国第一次打破高层次教育和低层次教育分离的现象，学生在小学毕业后将分流至文理中学、实科中学、主干中学。具体而言，学生在小学毕业后，教师将根据学生能力与学习表现，写一封升学建议书，建议学生应入学的学校类型。升学建议书的约束力则视各邦的具体政策而定，但是一般而言，家长具有主导权。在三轨制教育体系中，就读文理中学并通过高中毕业考的方式垄断了高校入学途径，且属于凤毛麟角。1950年以前，高校申请资格者比率低于5%；1960年为5.6%；1970年为10.9%。

20世纪60年代，西欧各国纷纷效仿美国的综合中学，掀起了一场旷日持久的中等教育综合化运动。1968年，柏林建立了德国第一所综合中学——沃尔特·格罗皮乌斯学校（Walter-Gropius-Schule），拉开了德国中等教育综合化的序幕。如今，该校已发展为包含小学、初中与高中的城区公学（Gemeinschaftsschule），约有1000名学生。1969年，社会民主党（Sozialdemokratische Partei）大选获胜，客观上有利于综合中学的发展，因为综合中学与该党强调的教育机会均等理念最为接近。同年，社会民主党提出《民主教育体制模式》（Modell fürein demokratisches Bildungswesen），主张应将传统三轨制学校转型为综合中学。

德国的综合中学有两种形式，分别是一体化综合中学（integrierte Gesamtschule）和合作式综合中学（kooperative Gesamtschule）。一体化综合中学又称"附加性综合中学"（additive Gesamtschule），采取学生混班上课的形式。1982年，各邦文教部长联席会议通过了相关决议，明确班级仅为行政管理单位，对同一个班级的学生，应考查其学科程度、学习进度差异，从而使其分流参加不同级别的课程，即辅导课程（Förderkurse）、基础课程（Grundkurse）与扩展课程（Erweiterungskurse），避免学生间因学科程度、学习进度差异而互相牵绊与拉扯。合作式综合中学是由主干中学、实科中学和文理中学三大支柱（Säulen）组成。除了体育与美术课合班教学外，其他课程依照传统三轨制予以分别教学。合作式综合中学与传统三轨制的差异在于，学生们聚集于同一个学校，却容纳了三种不同类型的学校。因此，合作式综合中学又称"多路径学校"（Schule mit mehreren Bildungsgängen）。

然而，德国中等教育综合化运动发展得并不顺利。以北莱茵-威斯特法伦邦为例，1969年，该邦社会民主党赢得大选，为促进教育机会均等，该邦建立了合作式综合中学，取代了传统三轨制教育体系。但是，许多教会、学者和学生家长签名请愿，以停止合作式综合中学为口号纷纷投入抗议活动。为解决这一争议，1978年，该邦举行全民公投，约有363.6万人（约29.8%）投票赞成废除综合中学。

20世纪60年代，德国中等教育综合化运动常陷入党派与价值观之争，支持者强调教育民主化、教育机会均等；反对者则将其抨击为教育平均主义、良莠不分，混淆了不同禀赋之间的界线。在综合化运动中，综合中学仅取得有限的成功，并且至今未打破德国中等教育的三轨制结构，学校与学生数量一直处于边缘地位（见表1）。

表1 2022年德国学校数与学生数及其比率（八年级）

学校类别	学校数	学校比率	学生数	学生比率
主干中学	4578	36.4%	888234	19.2%
合作式综合中学	1288	10.2%	299919	6.5%
实科中学	2775	22.0%	1278079	27.7%
文理中学	3078	24.5%	1701109	36.8%
一体化综合中学	670	5.3%	412298	8.9%
华德福学校	199	1.6%	38515	0.8%

21世纪初，综合中学仍被视为实验性教育模式，处于传统三轨制边缘地位，是三轨制附加而非替代，未能真正取代三轨制任务，相反，它的存在使得德国教育呈现出更多元化的局面。

二、优化分流体制机制

（一）延缓分流

1964年，为避免过早分流带来的负面影响，德国提出定向学级政策，延缓分流、延长两年共同受教时间，为学生接受中等教育做准备。定向学级的组织形式分为依附于学校类型和独立于学校类型两种。严格意义上的定向学级是指独立于学校，即定向学级本身为一独立阶段，且为小学的延续，不是中等教育的学校类型。定向学级的课程，主要为学生转入中等教育前期学校做准备，因此应根据学生能力提供相关的课程，即定向学级通过分组教学达到因材施教，缓和了跨越倏忽的分轨决定。

1964年3月，各邦文教部长联席会议通过了《柏林声明》（Berliner Erklärung），主张教育应适合个人能力，应采取相应措施。例如，设置观察阶段、延缓两年分轨，使学生进入其相适应的教育轨道，避免过早分轨造成失误。

1964年10月，各邦邦长签订了《汉堡协定》（Hamburger Abkommen）。《汉堡协定》保留了三轨学制，但强调了教育机会均等的重要性，并将共同学习时间延长两年。《汉堡协定》第4条第4项明确规定，学生求学的第5或第6学年是促进阶段或观察阶段。从该条款可看出，尽管未实现中等教育阶段的单轨学制，但共同学习时间已由 4 年延长为 6 年，分轨得以推迟、延缓分流，延长的两年学习时间被赋予了特殊促进或观察任务。《汉堡协定》拉开了教育改革序幕，其中促进阶段包含双重任务，即延长共同受教时间，并为学生接受中等教育做准备。

1974 年，为了落实延缓分流理念，实施具体推动定向学级，各邦文教部长会议明确指出，定向学级的组织形式分为依附于学校类型和独立于学校类型。依附于学校类型以莱茵兰-普法尔茨邦为例，小学毕业后的教育实施定向学级，依附于不同类型学校，如主干中学、实科中学、文理中学。即使不同类型学校组织跨校课程，但在管理组织上亦分别隶属于参与学校，且在统计数据上依附于学校类型的定向学级，亦归属于参与学校，定向学级本身不具有独立性。换言之，依附于学校类型并非一个独立阶段，而是隶属于中等教育前期，且归属于提供定向学级课程之不同类型的学校。

定向学级的课程，主要为学生转入七年级做准备，因此根据学生能力与性向提供相关课程，仅部分课程涉及小学、中等教育前期的学校跨校学习。独立于学校类型的定向学级，将学生共同学习时间由 4 年延长为 6 年，更能充分落实延缓分流的理念。

（二）并三轨为二轨

2000 年，经济合作与发展组织（OECD）发布了国际学生评量方案（Programme for International Student Assessment, PISA），德国

学生在阅读能力、数学能力和科学能力方面低于该方案划分的平均水平，这使以教育质量而自豪的德国教育界、企业界和政治界震撼。

在这一背景下，检视教育质量成为热门话题，尤其是对传统三轨制的批判浮上台面。许多人认为，不理想的 PISA 成绩源自分流体制，特别是主干中学。主干中学在德国一直广受争议，常出纰漏。在这种情况下，各邦尝试减少教育分流轨道，传统三轨逐步简并为两轨发展，并且建构了以下两种新型学校类型。

（1）取代式第二轨学校（neue zweite Schulform, die H/R ersetzt）。废除传统实科中学、主干中学或综合中学，整合建构为取代式第二轨学校。例如，在汉堡市政府的教育改革计划中，传统的文理中学维持不变，其他类型的学校被整并为城区中学（Stadtteilschule）。学生读完十年级后，可依据在校成绩申请就读三年制的高级阶段（Oberstufe），最后参加高中毕业考，即高中毕业考对所有的学生开放。

（2）结合式第二轨学校（neue zweite Schulform, H/R-Kombination）。联合传统实科中学、主干中学，构建为结合式第二轨学校。在这种学校类型中，在同一个学校屋檐下同时包含两种不同学校类型，且在某种程度上保留其各自的独立性，此即为前述的多路径学校。

（三）畅通升学渠道

就读文理中学并通过高中毕业考的方式，垄断了高校入学途径。20 世纪下半叶，随着德国对专业技术人才尤其是对受过高等教育的专业技术人才需求的增加，德国致力于促进高等教育与职业教育融通，积极推动在职人员接受高等教育。1982年，德国文教部长联席会议通过《优异在职人员入学高校的考试决议》（Vereinbarung über die Prüfung für den Hochschulzugang von besonders befähigten Berufstätigen），明确规定在职人员即便未通过高中毕业考试，也有可能申请入学高校。

1998年，德国修订《高校基准法》（Hochschulrahmengesetz）。其第27条第2款规定，无高中毕业考证书者得以入学高校，称为"第三条教育路径"（dritter Bildungsweg）。2009年，德国文教部长联席会议通过《在职人士入学高校方式》（Hochschulzugang für beruflich qualifizierte Bewerber ohne schulische Hochschulzugangsberechtigung），具体规定了相关资格条件与实施方式。

在建构第三条教育路径之前，德国已经存在两条通往高校的路径。第一条教育路径最为传统，即就读于文理中学或职业文理中学（Berufliches Gymnasium），通过高中毕业考者，分别获得普通高校入学资格或相关专业高校入学资格（Fachgebundene Hochschulreife）。第二条教育路径（zweiter Bildungsweg）适用于职业高级学校Ⅱ（Berufsoberschule Ⅱ）、夜间文理中学（Abendgymnasium）、补习学校（Kolleg），甚或通过自学考试（Nichtschülerprüfung）取得同等学力证明的学生，通过高中毕业考，可获得普通高校入学资格。

第一条与第二条路径分别适用于不同类型学校的学生，均需通过高中毕业考。与此不同，通过第三条教育路径的申请者，则无须通过高中毕业考,可凭其职业资格与工作经验,在达到相应条件后便可申请大学。第三条教育路径的建构,松动了德国职业教育和学术教育间壁垒森严的界线,职业教育与高等教育得以贯通。不过,由于教育事务属于各邦管辖权限,各邦有关高校录取在职人员的规定不尽相同。概括而言,存在三种基本模式(见表2)。此外,在职人士通过第三条教育路径能申请学士班,还能申请硕士班。未取得学士学位的在职人士,在具备特定条件下可延迟申请硕士班。

表2 在职人员入学高校的基本模式

不同资格条件	入学条件
具有师傅(meister)职业资格,参阅《手工业条例》(Handwerksordnung)第45条、第51a条和第122条	在特定前提下入学,可自由选择专业;有些高校会举行面试,不过该面试实质上多为给申请者提供专业咨询与建议的面谈
已完成400小时的职业培训,并通过进修教育考试(Fortbildungsprüfung),参阅《联邦职业教育法》(Bundesberufsbildungsgesetz)第53和54条,以及《手工业条例》第42条和第42a条;毕业于2年以上的职业教育,具有3年以上的相关工作经验	在特定前提下入学,必须选择相关专业;有些学校提供新生试读模式(Probestudium),其试读专业学科需与试读生从事职业相关,取得优良成绩才能获得正式入学许可,一般试读一年
已完成400小时的职业培训,并通过进修教育考试,参阅《联邦职业教育法》第53和54条,以及《手工业条例》第42条和第42a条;未通过高中毕业考,但具有专门高等学校入学资格(Fachhochschulreife)	有些学校举行能力评估程序(Eignungsfeststellungsverfahren),具体形式包括资格考试或天赋测试(Begabtenprüfung),确认申请者是否由其职业培训或工作经验获得拟申请专业学科之相关知识与技能,并进而将其职业资格或工作经验换算与折抵学分,从而使其晋升至高年级

为了配合第三条教育路径的实施，2020年联邦职业教育中心推出一系列配套措施，并明确提出了以下四大原则：①若需举行测试遴选学生，相关测试应舍弃学术导向；②应重视在职人士过去的学习成果和工作经验，其相关的职业能力与经验可以折抵学分；③应提供过渡课程，协助在职人士顺畅地衔接高等教育课程；④应为在职人士提供多方面的支持，尤其是相关的咨询服务。

为了贯彻前述原则，联邦政府和各邦达成协议，由联邦教育与研究部（Bundesministerium für Bildung und Forschung）推出了"通过开放高校实现向上流动"（Aufstieg durch offene Hochschule）的方案，旨在奖励相关参与机构在职人士接受高等教育。该方案已实施两轮（2011—2017年、2014—2020年），财政投入2.5亿欧元，共有101所高校、4个非大学研究机构参与。

在教育机会均等维度方面，第三条教育路径建构深具意义。通过该路径入学高校的学生中，约有四分之三的学生父母未曾接受过高等教育，而这些学生则通过该方案实现了社会向上流动。但通过第三条教育路径进入高校的学生比例仍较低，暂未突破3.1%。

三、强化职业教育竞争力

为适应经济结构与职场的发展与变迁，德国培训职业覆盖面越来越广，培训职业的种类由900个持续降至324个。因此，新型复合型培训职业日益重要。为满足劳动力市场、学生个体需求，德国在初次职业教育阶段，提出创新性附加职业资格的培养与认定模式，不仅简化了职业标准的更新流程，而且较能满足学生的学习兴趣与发展需求。2020年，德国修订了《职业教育法》，引入高等职业教育三级学位，为职业教育和高等教育的可比性铺陈了一条阳关大道，并且确认了职业资格的师傅／学士学位、师傅＋／硕士学位之间的同等地位，提升了职业教育的吸引力。

（一）职业教育灵活化

德国的职业教育范围较广，分为三大子系统：双元制（Duales System）职业教育、全日制职业学校（Vollzeitberufsschule）、过渡培训系统（Übergangssystem），其中最具代表性的为双元制职业教育。

（二）职业教育和学术教育等值

德国职业教育被誉为全世界职业教育界的典范，其他国家通过高等教育培育人才，而德国可通过职业教育实现。德国高等职业教育作为职业教育的高级阶段及职业晋升的重要途径，其培育水平与高校难分伯仲，但高等职业教育长期无法获得认可。为解决前述问题，2020年，德国修订了《职业教育法》，引入高等职业教育三级学位（dreistufiges System der höheren Berufsbildung）。该法第53a条详细规定了新的资格头衔、考核程序与资格条件等，并将高等职业教育学历划分为三个等级：考试合格职业技师（Geprüfte/rBerufsspezialist/in）、专业学士（Bachelor Professional）、专业硕士（Master Professional），分别对应《德国终身学习国家资格框架》（Deutscher Qualifikationsrahmen für lebenslanges Lernen）的第 5 级、第 6 级和第 7 级（Bundesministerium für Bildung und Forschung）。

高等职业教育三级学位体系提升了德国的职业教育吸引力，但仍然存在局限性，例如专业学士与学士、专业硕士与硕士之间仍有区别；师傅职业资格取得专业学士头衔，但仍不能申请入学硕士班，需通过第三条教育路径方能实现。

（三）附加职业资格

德国现代化培训体系严格按照《培训条例》（Ausbildungsordnung）中的培训标准，展开教育与培训。现今科技快速发展，导致工作组织、流程发生根本性变化。职业教育面对的是一个个独立特殊的生命个体，个体之间存在差异，同时每个企业有各自具体的专业化任务与方向，因此《培训条例》规定的学习内容很难涵盖所有企业的具体职位要求。为满足劳动力市场、学生个体需求，德国职业教育领域积极进行相应变革，例如在初次职业教育（Berufliche Erstausbildung）阶段，提出创新性附加职业资格的培育与认定模式（Bundesinstitut für Berufsbildung）。2005 年，德国修订了《职业教育法》（Berufsbildungsgesetz），首次提出附加职业资格的概念。该法第 5 条明确规定，除该条第 1 项所描述的培训职业外，可传授附加职业技能、知识和能力，从而补充或拓展职业行动能力。

附加职业资格的实施，通常在学徒接受职业教育期间或之后立即进行，时长大约在 40—600 小时之间。学徒必须通过能力考核认证，才能取得最终资格证书（Bundesinstitut für Berufsbildung）。附加资格模块培训内容包含拓展型附加职业资格（berufsspezifische Zusatzqualifikation）与补充型附加职业资格（berufsgreifende Zusatzqualifikation）。垂直式附加资格模块是在职业领域内，在学习者具备一定职业基础的前提下，扩展职业相关知识和能力。其学习目标通常是为职位晋升做准备。例如，原本参与零售业营销学徒培训，可选择商贸助理（Handelsassistent）附加资格模块。在学习零售业营销知识后，学徒进一步学习贸易营销、人力资源组织与管理等额外的知识。完成学习后，学徒不仅可获得零售业营销的职业资格，也可获得商贸助理的附加资格，可受聘为企业中层管理职位。水平式附加资格模块是在原本培训或跨职业领域的基础上补充其他的知识。例如，原本参与零售业营销的学徒培训，可选择电子商务初级助理（E-Business Junior-Assistant）的附加资格模块，获得电子商务的应用能力（BBS Friesoythe）。此外，附加资格模块包括一些与原本培训无关的资格学习，如外语证书之附加资格模块（Industrie- und Handelskammer Region Stuttgart）。

总体而言，相较于初次职业教育学习内容具有较强的稳定性，附加职业资格则能快速地响应产业界的需求、同产业发展与时俱进，可针对新型产业或技术发展适时提出新资格要求展开培训，并获得相应的资格证书，因此附加职业资格更具有灵活性。

德国早期化教育分流政策，弥补了处于不利地位的职业教育学生。德国通过完善职业教育，尤其产业界和职业学校密切合作的双元制职业教育模式，与职场达成极高耦合度，因而实现了职业教育和职场间的无缝衔接，使得德国青少年的失业率较低。高学历会带来较高的收入，但是德国职业教育出身的师傅的薪资与失业率不逊于具有高等教育学历者。即便高等教育毕业生在职涯前景上优于具有职业资格者，但若将学徒培训津贴、税收及各种失业风险等因素考虑在内，职业教育往往能够带来更高的教育投资回报率。虽然多数职业教育学生无法实现上大学的梦想，但德国建构了世界领先的职业教育体系，用实惠的就业前景置换了大学梦想，从而建构了早期化教育分流政策的合理性与合法性。

第 9 期
竞争性与流动性：
日本大学人事与薪资治理

高 露

内容提要

各国为实现高等教育品质保障，都致力于推进高等教育相关治理制度的改革。2004 年，受新自由主义竞争理念影响，日本开启国立大学的人事和薪资改革。其改革主要内容包括：以绩效考核为基础，实施弹性薪资制度，利用外部资金和交叉聘用制，确保青年教师就业，保障人才多元性和流动性。

20世纪80年代，受当时西方主流思潮影响，日本自由民主党政府采取新自由主义理念，将市场机制和竞争原则引入了教育领域。20世纪90年代，日本的国民消费观念改变，高等教育市场竞争的机制逐渐成熟，进而对高等教育整体发展状况产生重大影响。同时，日本经济仍处于长期低迷状态，因学龄人口数持续降低，大学或将面临招生不足问题，甚至面临关门危机。对此，日本政府提出缓和管制与结构改革政策，推进行政、财政、教育等领域的改革。在高等教育方面，经过多轮讨论后，2001年6月，日本文部科学省在《大学结构改革方针》［大学（国立大学）の構造改革の方針］中，提出了"以能力主义、绩效主义为主的新人事制度"。此后，文部科学省以此为政策主轴，为强化持续提高教职员积极性和能力，推动了具有吸引力的薪资制度，调整了教师年龄结构，增聘了年轻学者等，以达到吸引多样化和优秀人才的目的，全面提高日本大学教育和研究水平。其后出台的《2018年经济金融管理与改革基本方针》《2018年未来投资策略》《综合创新策略》，均提出大力推动大学人事薪资管理改革。2019年2月，文部科学省发布《国立大学法人人事薪酬管理制度改革指导方针》（国立大学法人等人事給与マネジメント改革に関するガイドライン），提供国立大学法人薪酬管理制度的相关指引，以促进各国立大学的人事薪资管理改革，即强化考评制度，将定期评鉴结果反映于薪酬、升迁和奖金制度上，使待遇绩效化与差异化。文部科学省通过新的年俸制措施，引导各大学调整薪资结构中的固定薪与变动薪配置比率，落实降低固定薪，提高变动薪的比率，并实施每年两次的绩效考评，以获得更多的重视。

一、日本国立大学人事与薪资管理改革历程

日本国立大学人事与薪资管理改革经历了三个阶段，每个阶段均有不同的时代背景。

（一）第一阶段（2004—2009 年）

在日本国立大学改革陆续启动的过程中，2001 年《大学结构改革方针》论述了引入基于任人唯贤和绩效为导向的新人事制度，作为改革政策依据。教师身份向"非公务员"转化，"非公务员"身份教师直接适用《劳动基准法》，旨在消除产学合作的制约，促进国立大学教师与产业界广泛合作，推动科技成果转化，拓展院校外部资金筹措渠道。

（二）第二阶段（2010—2015 年）

2013 年出台的《国立大学改革计划》强化了人事和薪资系统的灵活性，提出在研究型国立大学和地方国立大学教师队伍分别实现 20% 和 10% 的年薪制实施目标，力争到 2015 年年薪制教师总数达到 1 万人。2014 年修订引进年薪制的特别补助经费，

提出了交叉聘用制的基本框架和要点。2015年,《国立大学经营战略》报告强调建构一个让教师充分发挥才能的环境,力争在年底实现1万名教师适用年薪制的目标。

(三)第三阶段(2016—2021年)

随着人口老龄化持续加剧,以及全球化和新兴国家崛起带来空前的外部竞争和结构性变化,以人工智能为核心的新科技革命正在引发全球产业重构。2015年发布的《国立大学经营力战略》要求国立大学在新一轮社会和技术变革中发挥引领作用,最大限度地推动知识创造和科技进步。为了实现该目标,分别在2019年、2020年、2021年颁布了《人事与薪酬管理改革指引》《交叉任命制的基本框架和要点(补充版)》和《人事与薪酬管理改革指引(补充版)》。

二、日本国立大学人事和薪资管理治理政策与举措

(一)日本大学教师等级及薪资

根据日本《学校教育法》第92条和《大学设置基准》第4章教师资格,大学教师岗位划分为教授、准教授、助教、助理和讲师等五个层级。在薪资方面,在法人化以前,国立大学实施月薪制度,薪资结构包括基本工资、津贴和奖金,奖金部分每年发放两次,津贴包括许多名目。实施能力主义薪资改革、推动年薪

制以后，薪资结构中的奖金部分改为绩效薪资。另外，高校教师身份分为专任教师（终身聘）、特任教师（约聘教师）、兼职讲师等。大学有权自主制定弹性制度，设立差异化教师称谓与薪酬标准。

（二）人事管理改革方向与重点

日本文部科学省强调，国立大学以加强与发展教学和研究能力为目标，在了解社会需求的同时，自主确立人事制度，实行合理有效的人事薪资制度。

改革包含四项内容：①构建覆盖全校的人事管理体系。制定优化年龄结构、确保人才多元化、提高流动性的人事规划。②彻底改变僵化的薪资制度，实现以严格绩效考核为基础的弹性薪资制度。③绩效考评与待遇挂钩，以此激发教师积极性和能力。④活用聘期追踪系统和交叉聘用制。根据目标能有效运用各种制度，例如确保青年教师就业和利用外部资金聘任等。

人事管理改革重点聚焦五方面：①为确保青年教师专注于学术研究，建立平衡年龄和职称的就业规划和职业发展轨道。②推进外籍人员聘用和促进大学国际化。例如，推进在海外获得学位的日本人回国就业、休假制度化等。③促进女性教师就业。根据女性教师数量与生活需求，开设校园托育中心等支持系统。④提高流动性。培养优秀和多样化人才，实现良性循环。⑤利用多元化财政资源。通过共同研究和交叉聘用制，吸引外部资金（包括人事经费），改善教师激励措施等。

三、日本国立大学年薪制运行新模式

面对教授老龄化、青年教师减少、薪资与工作成果不匹配的问题，文部科学省提出年薪运行新模式。2013年11月，全国大学改革方案建议实施年薪制，并提出对1万人次实施混合薪资制，旨在使薪资制度灵活化。2014年预算方案推动建立了适当反映工作绩效评量的薪资体系，重新审视退休金分配方式，实现拆分、预付退休津贴。截至2018年5月1日，日本已有16270位大学教师符合要求，但该新模式仍未全面启动。因此，为尽快实现年薪制目标，日本采用拆分和预付方式，以使所有教师能尽快转变为年薪制，尽管此举会产生额外的财政支出。为全面推行年薪制并提高其有效性，2018年综合创新战略规定全面推行年薪制，实行绩效考核决定薪资水平机制。此外，通过审视现行年薪制度，彻底推动绩效评量，并反映于薪资架构；通过推动制定指导方针，将人事薪资管理改革成果反映于运营补助金等。

新年薪制的具体内容如下：①设置年薪总额，全年分期支付月薪。②除基本薪资和职位薪资外，设置绩效率为"+"和"-"的绩效薪资。③退休金待遇不一定与聘期延长挂钩，并且不涉及退休金拆分或预付情况。新年薪制包含基本薪资和津贴，但基本薪资比例降低，奖金则修正为绩效薪资。绩效薪资根据教师每年绩效考核结果进行调整，以致薪资波动较大。另外，在新年薪制中，基本薪资根据教师多年考核结果调整。据此，新年薪制具有以下五项操作原则：①为稳定经营，在教师退休时支付退休金。②建立合理有效的薪资体系，薪资体现绩效考核结果。③原则上适用于新聘教师、资深教师和所有中层教师，但需事先征得教师同意。④月薪制转换到年薪制需要一定时间过渡。⑤结合严格绩效考核和各种约聘制度，实现有效运作。

日本基于上述年薪制操作原则，提出以下四种新年薪制模式。

（1）设定绩效薪资和工作薪资。根据绩效评量，职位、工作内容，以及年薪基数三部分提供薪资。①绩效评量方面，可根据绩效评量，如优秀（+15%）、良（+5%）、标准（+0%）、不合格（-5%）等提供薪资。②职位、工作内容方面，根据教授、副教授职位等级，提供固定薪资。③年薪基数方面，每年调薪。

（2）降低基本薪资，扩大绩效薪资幅度。年薪基数相较以往月薪制有所降低，即以基本薪资70%作为基数，其余30%作为绩效薪资的财务来源。同时，绩效薪资幅度会依据绩效评量表现的正面评价、标准评鉴和负面评价，进行动态调整。根据绩效评量结果，增强薪资与工作表现的关联度。

（3）固定各职位基本薪资，并在绩效薪资中反映外部资金募集结果。每个职位基本薪资不随年资调整，绩效薪资根据绩效评量模型提供薪资，优点在于绩效薪资积极反映外部资金募集结果。绩效评量模型可分为五类，分别是SS、S、A、B、C。各类薪资调整及外部资金奖励如下：除提供1.3倍的标准绩效薪资外，SS类提供外部资金奖励额度；S类提供1.1倍的标准绩效薪资，提供外部资金奖励；A类提供1.05倍标准绩效薪资，提供外部资金奖励；B类获得外部资金奖励；C类提供10%标准绩效薪资。外部资金奖励为研究经费间接募集金额的20%—30%。

（4）绩效薪资体现年度考核，基本薪资体现多年考核。基本薪资逐年调整，但绩效薪资根据绩效评量调整。换言之，每年绩效评量结果会反映在绩效薪资上，5年进行一次的绩效评量结果则反映在基本薪资上。

绩效评鉴标准包含教育教学质量、学术研究成果、社会贡献，以及行政管理参与度等方面。除设计全校性共同评鉴指标外，还依据各学科领域及职务制定相关个别标准，由多个评鉴者考评，并定期将考评结果反映于薪酬、升迁和奖金制度上。因薪酬影响教师生活质量，故须确保评鉴制度的严格、公正和透明。对绩效评鉴较优的教师，其激励措施包括增加研究经费、配置独立研究空间及教学研究助理、增加休假、减少行政工作等。此外，考评应避免增加执行上的行政负担，并建立健全申诉制度，以应对评鉴结果与事实不符的情况。

四、日本国立大学交叉聘用制运行模式

交叉聘用制是指院校、机构之间通过协议，允许大学教师除在各院校、机构担任专职人员外，还在另一机构按规定聘用比例兼职。其薪资和社会保险费用由其中一个机构支付。通过建立这种基本框架，可确保研究人员能在每个机构正常从事工作。交叉聘用制的优点，体现在三个方面：①打破大学、公共研究机构、企业等组织壁垒，提高人才和技术能力流动性；②从合作机构接受优秀人力资源，提高大学教育教学和研究能力；③教师可在不离开当前职位的情况下，保有双方职位，以灵活地从事教育教学

和研究活动。

以大阪大学为例，2017年4月，大金工业株式会社与该校签订了交叉聘用协议，聘请工学研究所助教在大金工业株式会社进行睡眠研究，工作时间比例为90%，其余10%的时间则在大学工作。2016年4月，鹿儿岛大学利用交叉聘用制，与LAC有限公司签订交叉聘任协议，聘请该企业一位专家担任网络安全策略办公室主任。该专家的工作时间分配为在大学工作占70%、企业工作占30%，从事制定综合策略、调查最新技术趋势、应对突发事件及学生教学活动。

由此可知，日本公立大学人事与薪资管理制度改革，其主要目的是优化高等教育的人事结构年龄，激励教师教育教学、研究和服务绩效，以适应大学高等教育机构新转型定位。在人事制度革新上，通过修订《国立大学法人法》中有关人事和薪资的相关法令，提出聘期追踪系统和交叉聘用制，以确保人事结构年龄优化，人事费用获得外部资金挹注，以及人才聘用的灵活性。同时，通过导入新年薪制度改变薪资结构，使薪酬能够更好反映绩效考核结果，并优先吸引与留任青年和女性学者，且资金来源以政府原有拨款和产学合作款项为主。

五、日本国立大学人事和薪资管理改革成效与问题

日本文部科学省对全国92所国立大学及相关机构进行了人事改革成效调查，现对其2020年的实施结果分三项说明如下。

1. 人事配置计划制定情况

（1）实现大学教职员理想化年龄结构。理想化年龄结构是指在 5—10 年后，年轻教师、中坚教师和资深教师的比例将大致相同。在前项院校/机构中，90% 的院校/机构将此设为校级目标，另约 70% 的院校/机构已设定实现目标的里程碑，90% 的院校/机构正在校级目标或实现里程碑目标，并制定了《中长期人事配置计划》。

（2）促进人才多元化。在此目标下，所有院校/机构都制定了旨在招揽多样化人才的人事计划和政策；特别是所有院校/机构都致力于聘用女性研究人员，以及提升教育教学和研究环境。

（3）确保就业、教育教学和研究环境稳定与友好，年轻教师可以专注于教育教学和研究。85% 的院校/机构努力营造良好就业、教育教学和研究环境，具体措施包含支持研究费用、研究环境维护费用、支持体制强化（负责人的指派等）、确保研究空间和设备安全、确保教育和研究的独立性等。80% 的院校/机构意识到 40 岁以下大学教职员的数量和比例正在下降，并将其视为需要优先解决的问题，采取相应对策来逆转该趋势，确保年轻教师有更好的职业发展环境。

（4）导入人事管理系统（含选拔过程、筛选系统等）。96% 的院校/机构导入客观评量成果和任命高素质教师制度，通过这一系统，能够对教师的年龄结构、工作成果和晋升资格进行客观评估。

2. 全校绩效考核实施情况

（1）致力于适当评量教师成就，并在待遇中反映评量结果。94%的院校/机构均将学术成就纳入评鉴体系。97%的院校/机构均采用系统机制，不分年龄或职位，适当地评鉴优秀成就，将评鉴结果反映于薪资和奖金发放。90%的院校/机构通过待遇反映评鉴结果时，除薪资调整外，还通过研究经费分配、改善研究环境、将评估结果纳入职位调整的绩效考核等方式进行落实。在评鉴实施体系落实上，许多院校/机构从多方面考虑，如减轻评鉴工作负担、评鉴人员培训、确保评鉴透明。

（2）推行新年薪制。80%的院校/机构实行了新年薪制，除限制超过一定年龄的教师增加薪资、免除管理和行政工作外，引入强调绩效的薪资制度。与月薪制相比，约78%的院校/机构运用更恰当手段，将绩效评鉴结果反映在薪资中。例如，在某些情况下，根据外部资金作为薪资奖励。约70%的院校/机构落实业务绩效薪资制度，将其作为导入新年薪制度的成果之一，包含落实反映绩效薪资、确保留住优秀教师、灵活校内组织、提高教师的积极性和提高资深教师的流动性等。

3. 使用外部资金支付薪资情况

（1）利用外部资金支付薪资成本。60%的院校/机构利用外部资金（捐赠、联合研究基金、竞争性研究基金等），支付永聘制的教师薪资。40%的院校/机构通过利用外部资金的赞助，实施根据大学无聘期教师的能力和贡献，支付高于标准薪资的薪资制度。30%的院校/机构正在有效利用学校结余的校内经费，增加青年教师的职位数量，改善行政部门环境，如研究支持系统开发、新增年轻教师职位、聘用研究支援人员等。

（2）交叉聘用制的推动情况。90%的院校/机构已制定关于实施交叉聘用制的规定。80%的院校/机构实际采用了交叉聘用制。10%的院校/机构申请将教师派遣至民间企业。约40%的院校/机构申请接收来自民间企业的派遣人员。约80%的院校/机构对采用交叉聘用制的教师提供奖励，如导入交叉聘用津贴、导入可支付高薪的薪资制度、改善研究环境、减少管理和行政工作、在评估绩效时将交叉聘用作为考量因素、提供研究资助等。约60%的院校/机构在努力支持各部门实施交叉聘用制。

（3）薪资超过法人薪资。10%的院校/机构表示，有教师和研究人员的薪资超过大学法人理事长或校长的薪酬。

上述人事薪资管理改革产生了以下问题：外部资金支付薪资落实不足，青年教师职业发展路径和研究环境有待改进，年薪制和绩效考核制度需重新检视，绩效评鉴操作困难，以及存在负面效应和未来学术水平下滑隐忧。下面对此进行具体分析。

（1）外部资金支付薪资落实不足。关于外部资金的使用，人事改革指导方针未作明确说明。对获取外部资金较少的大学和机构而言，再加上国家补助减少，会造成双重打击。在交叉聘用制部分，各大学不分领域，接受民间企业赞助总体实施率仍低，仅占总数的17%左右。用于强化动机的奖励金额和高薪案例仍稀缺，作为获得民间资金的手段与策略，其活用程度仍不足。

（2）青年教师的职业发展和研究环境有待改进。因约聘制和兼职教师制度触及广大青年教师发展，加剧了该群体职业路径的不确定性，政府对此并未表现出调整政策的迹象，从而导致许多年轻人担心自己的未来生活，不愿成为研究人员。

（3）年薪制和绩效考核制度需重新检视。教师团体反映人事薪资制度革新的主要冲突，在于教师群体尚未形成对制度转型的共同接纳意识，年薪制改革带来了收入的不确定性，且将教师绩效评鉴标准用于薪资制度存有争议。调查分析显示，认为教师评鉴对完善人事薪资体系有效者仅占 26.9%。因此，有必要持续检视年薪制和绩效考核制度推行后情况。

（4）绩效评鉴操作困难与负面效应。在知识内容、研究方式、成果可视化、产出多元化等方面存在学科差异，使得制定绩效评鉴标准、评鉴信息搜集等面临困难。例如，2018 年教师评鉴调查分析结果显示，教师反映的首要问题是科研成本和行政负担加重（62.7%），其次为制定评鉴领域/指标不易（58.2%），此外，绩效评鉴决策过程缺乏基层教师和组织参与，且主要参与教师评鉴者为高层长官（85.1%），这引发了教育与学术运作基本理念偏离、评鉴存在误差等负面效应。特别是在教师评鉴结果多反映在奖金、一次性付款、奖励（67.2%）而薪水居次（58.2%）的情况下，如何使教师评鉴获得教师认同更显困难。

（5）未来学术水平下滑的隐忧。人事薪资制度革新过度重视绩效考核，忽略时间资源对于基础研究的重要性，这种倾向导致研究人员为追求迅速获得绩效，缺乏足够的时间和空间进行自由的学术讨论，从而使学术研究丧失成长机制，使许多具有挑战性的研究课题可能因绩效考量而被迫放弃。

日本国立大学法人和机构的人事薪资改革取得了一定成效：在优化年龄结构计划推行、人才多元促进、确保年轻教师就业、教育和研究环境、薪资待遇反映绩效考核结果、推行年薪制和交叉聘用制等方面，多数国立大学法人和机构的落实程度较高。就推行改革后所引发的各类问题，如青年教师的发展路径和研究环境有待改进、年薪制和绩效考核制度需重新检视、绩效评鉴操作困难与负面效应、未来学术水平下滑隐忧等问题，仍有待后续重新检讨和修正，以获得社会各界认同。

第 10 期
市场化与保护网：
英国中小学课外辅导制度

高　露

内容提要

为满足中小学生的课外辅导需求，英国政府积极出台了相关法律和政策，以法治规制中小学课外辅导教育机构，允许成立不同类型的课外辅导教育机构，严格制定机构设立标准并加强监管，推进中小学课外辅导教育机构发展。同时，英国从国家层面实施各种辅导计划，兼顾教育公平和质量，以满足更多经济处境不利学生的教育需求。

英国辅导教育的缘起和扩张与外来移民密切相关。英国早期的辅导教育机构是外来移民对其下一代传承其母语、宗教和文化的认同，凝聚社区向心力，自发性成立的社区学校。20世纪60年代，为了加速外来移民融入当地社会，英国要求移民孩童必须进入英国学校接受英国基础教育，导致原外来移民学校成为辅导教育机构。例如，伦敦有许多中文学校隶属于辅导教育机构，其招生对象不限于华裔学生，辅导内容包括中文、功夫、太极拳、珠算等。在此历史背景之下，英国将学校以外提供教育的机构泛称为"辅导教育机构"。英国政府规定5—16岁的幼童和青少年必须接受义务教育，除非申请个人实验教育（在家自学）、团体实验教育与机构实验教育。倘若家长没有让孩童接受正规教育，将会受到行政处罚。学龄孩童在学校接受正规教育以外的教育被称为辅导教育。因此，学校也提供各种课外兴趣班活动，例如作业辅导、室内乐团、阅读或电影欣赏等。

自2000年起，英国国家教育政策开始关注学生课外照顾与教育（out-of-school care/education）。《2010年学校政策白皮书》（The Importance of Teaching: The Schools White Paper 2010）引用《2004年儿童法》（Children Act 2004），强调政府对儿童福利政策负有介入和提供保护的责任，重申政府应重视每位儿童的发展，指出因材施教是儿童教育政策的核心目标，为使每位儿童接受完整的教育，学校除提供正规教育外，还应提供课后辅导或课外活动等补充性质的教育，以健全学生的身心发展。同时，英国政府出台了《辅导教育对学童表现的影响调查报告》（Impact of Supplementary Schools on Pupils' Attainment: An Investigation into What Factors Contribute to Educational Improvements），肯定了辅导教育机构有助于学童融入正规教育体制，并建议强化政府与地方社区的伙伴关系，更建议把教授外国语言的辅导教育机构纳入促进政府和地方互动关系的重要一环。

一、中小学课外辅导教育机构类别多样化

除正规教育之外，英国设置了辅导教育作为义务教育的延伸，通过为学生提供课后辅导，让学生学习传统文化和专业知识，协助学生开展课后活动。根据英格兰国家辅导教育资源中心（The National Resource Centre for Supplementary Education，NRCSE）对辅导教育机构的定义，英国辅导教育是指各地社区所提供的各种学习机会，提供这类服务的机构被统称为"辅导教育机构"（supplementary school or complementary school）。辅导教育机构不限于家庭教师或营利机构，还包括社区中心、学校或非营利组织，它们租借专用场所，提供各类课后学习机会。

英国辅导教育机构提供的课程内容多样。其一是提供学科辅导，如英语、数学、科学、信息技术和通信科技等科目。其二是各种语言辅导（汉语、波兰语、希伯来语、波斯语、孟加拉语等）、运动辅导、开展文化活动等，以帮助学生更好地融入社区生活和英国社会。由此可见，课业辅导仅是辅导教育内容的一环。目前，

英国已有 5000 所辅导教育机构。

（一）以非营利性为主的课业辅导教育机构

英国提供课业辅导的教育机构大多是非营利机构，并且通常采用团体教学模式，家长无须付费或仅支付极少费用，部分地区政府提供经费补助。其中，形成规模且获政府补助的机构包括儿童大学（Children's University）、第一龄大学（University of the First Age）等。儿童大学为 7—14 岁的学生提供补习服务，第一龄大学为 5—25 岁的学生提供补习服务。值得注意的是，因辅导教育机构的经费有限，其日常运作主要依赖当地居民和学生家长的志愿服务，辅导时段受限于助教自身工作性质和上班时间，助教数量也随着学生毕业人数而减少，因此辅导教育机构常常面临师资力量不足或无法保障教学质量等问题。

（二）以营利为主的私立辅导机构

英国有两所知名私立辅导机构，分别是轴心教育信托（Axis Educational Trust）和达尔加诺辅导学校（Dalgarno Supplementary School），这两家机构均收取辅导服务费用。轴心教育信托招收 3 岁以上的学生甚至成人，达尔加诺辅导学校招收 6—16 岁的学生，主要提供短期课业、才艺、英语和考试辅导。除英国本土辅导教育机构外，日本公文（Kumon）辅导教育机构在英国的知名度较高。20 世纪 90 年代，日本公文辅导教育机构打进英国教育市场，现已成为英国最大规模的辅导教育机构。其主要招生对象是一年级学生（6—7岁）。每科目每月的学费是25—60英镑不等。学生通过每周参加20—30分钟的课程，回家后反复不断练习习题，建立演算、阅读能力和解题技巧。虽然部分学校的老师不完全认同这种教学方式，担心补习班与学校老师的教法相异，会导致学生产生学习困惑；但家长却普遍认为这种方式有助于学生提升学习信心和有效通过学校考试。目前，日本公文在英国有638个分支机构，约有7万名学生在此学习英文和数学。

（三）课外俱乐部

除辅导教育机构外，英国还设立了课外俱乐部（after-school club）供学生选择，旨在帮助双薪家庭家长照顾学生。部分课外兴趣班隶属于地方行政机关，提供社区免费服务项目。以威斯敏斯特为例，有9个图书馆设置了儿童图书馆，并且安排助教专门为7—13岁的学生提供家庭作业咨询服务（Homework Club），以及在放学时间（15：30—17：30）协助学生完成英语和数学等作业。图书馆内还设有家庭作业参考用书专区。威斯敏斯特年度报告显示，在2008—2009学年，有3200名学生使用了图书馆的功课辅导服务，相较于2007—2008学年度的2400人增长了30%。家长表示，由于私人家教费用高昂，社区图书馆提供的免费课业辅导减轻了经济负担。而且，图书馆有助于儿童从小培养良好的阅读习惯。此外，还有各类收费型补习班或才艺班，其费用收取标准不一，一年约107英镑。收费高低通常与课后辅导机构是否取得政府补助有关。英国统计局对家庭收支情况的统计显示，普通家庭每周平均花费约 19.5 英镑用于课外辅导教育，高收入家庭每周平均花费约 62.1 英镑，低收入家庭平均每周花费约 5.7 英镑。

二、中小学课外辅导教育机构设置标准

2015 年，针对招收中小学学生的辅导机构，英国政府根据《2004 年儿童法》第 2 章第 11 条，规定招收儿童与青少年的教育机构必须符合场所安全的要求。其具体措施包括：教育机构应多了解儿童与青少年的需求；配置充足人员，聘用过程应切实履行人员背景调查程序；建立对教职员工或助教的监督、培训、评鉴机制；教职员应当充分了解该机构的场所安全措施与程序，熟知保护儿童的相关应对措施；建立健全教职员工或助教面临法律诉讼的应对措施；机构应审核教职员工或助教的无犯罪记录证明（Disclosure and Barring Service）信息，辅导教育机构可以向警察局申请核查系统，以保障辅导教育机构聘用人员的安全性，辅导教育机构人员必须对聘用教职员信息的真实性、合法工作居留、无犯罪记录等事项负责；建立明确的举报程序；明确界定安全措施的责任归属；辅导机构的管理团队应承诺保障儿童与青少年安全；与其他专业辅导机构分享信息。

辅导教育机构负责人不限国籍，但负责人必须先通过警察局的境内外无犯罪记录查核，并持有合法工作签证才能担任该机构的负责人。负责人必须将个人资料呈交教育部，由教育部与该负

责人共同签署表单以备进一步审查。审查重点包括核查负责人是否拥有英国合法工作签证，是否在该国或他国有犯罪记录。如果负责人旅居海外，核查单位必须会同当地机关或大使馆进行核查。该负责人如参与学校经营，并担任董事或监察人，或学校由慈善团体/营利性机构信托经营，且该负责人为该慈善团体或营利机构的董事长或其他同等职位时，负责人应通过教育部呈交一份信息披露表（Disclosure Form）。该表单一经呈交，则代表该负责人对学校其他的经理人、董事、监察人、受托人等人员的身份真实性与合法性负责。

针对为中小学生（5—16岁）提供课后辅导的教育教学人员，英国政府规定该类人员必须取得"第三级辅导教育类别教学证书"（Level 3 Certificate in Teaching in the Supplementary Education Sector）。该教育证书获取标准严格，要求机构教师必须完成150小时、15学分的课程，并通过最终的能力测验。至于机构内未从事教育教学工作的员工，英国政府则未规定其资格条件。

三、中小学课外辅导教育机构监管机制

随着辅导教育机构数量迅速增长，为确保辅导教育机构质量和提升辅导教育实效性，2007年，英国教育部（Department for Education）与保罗·哈姆林基金会（Paul Hamlyn Foundation）合作成立了英国国家辅导教育资源中心（The National Resource Centre for Supplementary Education, NRCSE）。英国国家辅导教育资源中心属于民间独立机构，负责辅导教育机构的资格认证，

并监管英国各地的辅导教育机构。

2007年，NRCSE制定了辅导教育机构行为准则（the code of practice）。该准则涵盖了10项内容，分别是教育教学、学生学习成效记录、学习资源、规划与进展、监控与评估、合作关系、员工与助教的遴选和支持、学生安全防护措施与资金管理等。该行为规范准则属于业界自律规范，无法律拘束力。公共政策研究中心（Institute for Public Policy Research, IPPR）公布的2013年NRCSE资料显示，英国有1300所辅导教育机构签署了行为规范准则，表示依照该准则提供服务。

针对辅导教育机构的教育教学质量与运营，NRCSE建立了一套评选认证机制，借此提升与维护辅导教育机构的质量。NRCSE评选机制采用三级评分方式，分别授予金牌（gold award）、银牌（silver award）、铜牌（bronze award）。获得金牌认证的机构将入围特别优秀奖候选名单，最终获得特别优秀奖认证的机构将成为当年辅导教育机构的楷模，供其他机构参考和效仿。

2015年IPPR的研究报告显示，在NRCSE登记在案的2500多所辅导教育机构中，18%成为NRCSE会员。在这些辅导机构中，仅有7%的机构获得NRCSE认证。目前，英国已有3000—5000所辅导教育机构在NRCSE网站注册登记。

四、国家课业辅导计划

英国教育部实施了教育复兴支持计划（Education Recovery Support），预计投入50亿英镑，其中约15亿英镑用于课业辅导课程。国家课业辅导计划（National Tutoring Programme）是教育复兴支持的重要政策工具。在此之前，英国曾实施全方位服务学校计划（Full Service Extended Schools, FSES），赞助了138所中小学校，支持学校提供健康、成人教育、课后辅导与全天候托育照顾等服务。该计划有助于提升学生成就，特别是对弱势家庭学生的长期发展产生积极影响。虽然该计划于2011年告终，但许多学校仍继续提供课前和课后服务。教育部的研究调查数据显示，截至2014年，英国约有64%的小学提供课前活动，70%的小学提供课后服务，53%的小学同时提供课前和课后服务。此外，有三分之二的学校把学童津贴（Pupil Premium）用于课外教育，经济弱势学生比例越高的学校提供课外教育的情况更为普遍。

国家课业辅导计划是为受新冠疫情影响的学生设计的教学方案，旨在为这些学生提供学习支持，通过一对一或小团体的课业辅导，弥补其落后的学习进度。该计划认为，辅导是提升学生学习成就的最有效方式。因此，国家课业辅导计划尝试以此方式解决学生因疫情造成的学习效果不彰的困境。

（一）国家辅导计划实施路径

1. 学习伙伴

学习伙伴需先通过资格认证。学校选择学习伙伴时具有高度灵活性和自主性，能够根据学生特定需求选择比较专业的校外辅导提供者。通过这种方式让资源稀缺的学校获取更多支持。英国所有公立中小学均可申请学习伙伴。2021—2022年，英国教育部对学习伙伴的经费补贴率是 70%，学校可通过疫情恢复基金或学生补助金形式补贴剩余 30% 的经费。2022—2023 年，教育部经费补贴率下调至 50%。

2. 辅导教师

英国公立中小学的辅导教师，是全职有偿的专业辅导人员。辅导教师在进行服务前需接受密集训练，主要同教师合作，在讨论和修订课程中提供支持。在亟需提高教学水准的地区，学校有优先选择辅导教师的权利。倘若所在区域不属于亟需提高教学水准的地区，学校想要聘请辅导教师，就需要具备免费校餐资格且零补助金的学生比例要高于英国平均水平。

3. 校内辅导（school-led tutoring）

校内辅导由校内教师提供额外辅导，辅导教师可以是校内现有师资或者是新聘用教师。此方案意在辅助公立中小学弱势学生获得资源支持，包括教师、教学助理、外部教学资源（如私人家教）的支持。

校内辅导需遵循以下六个原则。

（1）关注学生个性化辅导需求。学校重点开展与课堂教学、学生需求密切相关的辅导，使学生真正受益。在辅导过程中，及时给予学生高质量和个性化反馈。学校定期监测和评估辅导效果，确保学生个性化辅导需求得到满足，明确下一步辅导重点。

（2）保障辅导教师来源多样性。学校灵活选择高水平、有经验、满足本校学生实际需求的辅导教师。辅导教师可来自内部资源和外部资源。内部资源主要来自本校教师、教学助理和实习教师。外部资源主要通过招聘和返聘两种途径获得，包括通过职场中介招聘辅导教师和聘用第三方派遣人员。在指导意见中，教育部提供了一份可供学校挑选的优先名单，确保对所有派遣人员开展全面的背景和安全检查。学校还可返聘退休教师，确保他们掌握最新课程内容，具备提供高质量辅导技能和经验。在中学阶段，97%的辅导由学校老师提供，班主任和副班主任分担课后补习责任；在小学阶段，88%的辅导由班主任负责。

（3）强调开展集中的小规模辅导。英国教育部认为，单次时间较短、定期、持续的辅导课程效果最好。英国教育部建议学校以3个学生为一小组开展辅导，这样既可确保成本效益，也可最大限度保障辅导效果。特殊学校需要更多一对一辅导，教育部已为此专门调整拨款。

（4）明确校内辅导重点科目。在新冠疫情期间，小学阶段英语和数学学习受到了较大影响。鉴于这些学科对学业质量影响较大，英国教育部建议小学优先支持在语言、英语和数学方面落后的学生，学校根据实际需求提供科学和其他科目辅导。在中学阶段，建议学校优先提供英语、数学、科学、人文和现代外语的辅导。

（5）注重合理安排辅导时间。教育部建议学校合理安排辅导时间，以提高学生参与率。辅导时间应确保学生不会因辅导而错过核心课程，有特殊需求或其他额外需求的学生不会错过专业人士的支持。为避免这种情况发生，学校可采取轮流辅导方式，或选择早餐时段开展辅导。

（6）注重辅导教师岗前培训。辅导教师必须参加提升辅导质量的免费在线课程，完成课程学习后，将获得相应认证。有教师资格证且至少对辅导科目和学段有两年教学经验的教师，需选择一门2小时的核心模块培训课程。助教、实习教师及其他教职员工若想担任辅导教师，需参加强制性培训，在完成培训课程之前不能开展辅导。培训总时长约为11小时。

（二）国家课业辅导计划实施阶段

1. 开启阶段

2020年11月至2021学年是国家课业辅导计划的首年执行期，英国公立中小学可申请两种形式的教学辅助：学习伙伴（Tuition Partners）和辅导教师（Academic Mentors）。2020年11月，英国正式实施国家课业辅导计划，有24万名学生参加该计划。截至2021年7月，学习伙伴已和5700所学校合作，其中约有一半学校的学生获得辅助。就辅导教师来看，全国有1000名导师分布于950所学校之中。截至2021年5月，该计划已服务6.2万名学生。

2. 扩充阶段

第二年计划拓展至2021—2022学年，基于第一年的执行情况和学校反馈，扩充了原有计划，并提供3种辅导资源。除原有的学习伙伴和辅导教师之外，还增加了校内辅导。

（三）国家课业计划反馈和成效

教育部持续检查实施成效，并委托专家学者访谈参与的学校和学生，听取师生建议，通过滚动式修正实施策略，以期实现协助学生补救学习进度落后的目标。因第一年计划反响良好，2021年6月，英国教育部宣布投入1000万英镑开展为期3年的教学计划。此外，教育部同奈飞尔早教基金会共同进行早期语言介入计划（Nuffield Early Language Intervention Programme），旨在提升英格兰地区的学生语言能力，并且英国政府投入800万英镑用于小学预备班的语言课程。同时，英国教育部发布《16至19岁教学条款》（16 to 19 tutoring provision），让600万名5—16岁的学生接受最高15小时的课程辅导。

2023年10月，英国教育标准局公布了英国中小学辅导制度检查结果报告。英国教育部指示英国教育标准局对公立学校以及校外16—19岁辅导教育机构展开调查，主要调查辅导制度落实情况，进而了解辅导教育经费是否得以有效使用。本次辅导检查报告分为两个阶段。

在第一阶段的报告中，学校主导的辅导策略比其他形式的辅导更为普遍。其中，有五分之二的学校使用了学费伙伴方式，雇佣辅导教师的学校少之又少。超过一半的学校提供了高品质辅导服务，并注重辅导与现有课程的一致性。然而，也有部分学校存在辅导计划不周、课程设置不合理、对小组课程和频率缺乏了解等影响辅导效果的问题。此外，在某些情况下，辅导课程的时间安排、教学时数也会影响学生的出席率和日程安排。

在学校辅导制度中，学生的经济状况被纳入考量范围，因此学校会重点关注弱势背景学生，利用综合评估确定学生是否获得了足够支持。虽然学校辅导课程主要针对英语和数学，但在中学阶段，其他课程也显现出辅导需求。然而，有效的辅导取决于结构良好的课程，确保课程能满足个别学生的需求。辅导教师和任课教师之间的密切合作也是辅导制度取得成功的关键环节。

学校领导者、教职员工和学生对辅导制度的成效普遍持有正向评价。大多数学校认为，辅导制度能增强学生的信心、适应力和学习态度。虽然辅导制度备受好评，但因受限于个别学校领导者的决定，辅导制度对学生成绩的影响有限，故英国教育部需要予以继续跟踪调查，以追踪辅导策略的发展状况。

在第二阶段的报告中，大多数参加正常课堂教学的学生已达到平均学习水准。辅导制度健全的学校会确保辅导与学校课程之间的联系，并利用辅导课程扩充学生的知识储备。辅导制度已经融入学校体系，并定位为辅导校内弱势学生学习的重要角色。调查显示，学校将有效辅导的核心原则整合至校内课程发展规划，其中以小规模的小组模式、充足的授课时数、稳定的辅导支持为特质，以确保学校能提供高质量的辅导服务。中学通常会优先聘请具有合格教师资格（QTS）的辅导人员。在某些情况下，中学要求校内教学人员开展课后或课前辅导。由于校内教职员工通常更了解学生的个性，因此易于与学生建立自然良好的辅导关系，从而可确保学生辅导的参与程度。小学通常以聘任辅导教师方式来提供辅导课程。辅导教师应该具有必要的专业知识，且能与学生建立良好关系，但调查显示，合格教师和辅导教师之间仍存在明显差异，辅导教师专业应变能力较弱，因此仅能作为辅助性的角色。

第 11 期

系统性与精准性：
英国中小学教师流失与对策

高 露

内容提要

英国教师流失率高的问题在教师职业生涯早期阶段尤为突出。为走出中小学教师流失的困境，英国政府改善教师招聘渠道，高度重视教师申请者的需求，全面改革教师入职培训，实施了多样化举措以减轻教师负担，提高教师薪资和津贴待遇。

英国教育政策研究所(Education Policy Institute)的资料显示,约20%的教师在获得教师职业资格两年后离职,约33%的教师在任职五年后离开教职。由此可见,英国教师流失率高的问题在教师职业生涯早期阶段尤为突出。针对中小学教师人数不足的现象,英国教育部归纳出以下四个主要问题:①外部压力导致任课教师工作负担过重;②新晋合格教师缺乏培训;③现有的教师职业发展设计过于僵化;④现有的教师培养计划太过复杂。目前,英国政府首先确保教师的职业吸引力,让担任教师成为一个具备永续发展和正向回馈的职业选项,同时抑制教师离职潮,降低离职教师人数。为此,英国政府积极推出解决教师招聘留任问题的策略,设立国家教师专业资格,推出《早期职业框架》支持新晋教师,逐年调升教师起薪,吸引优秀青年,设置优秀教师奖励方法,建立完善的教师职业发展路径,以提供多元的选择。

一、以一体化为指向,完善教师专业发展标准

2011年7月,英国教育部发布《教师标准》(Teachers' Standards),规定中小学教师应以教育成效为首要考量,并应遵守教师教育教学工作与个人行为的最高标准。虽然《教师标准》已提及教师专业发展,但是仍有不足。为此,2015年,时任教育部长尼克·摩根(Nicky Morgan)与主管学校事务的大臣

大卫·劳斯（David Laws）委托"教师发展基金会"（Teacher Development Trust），制定了《教师专业发展标准》（Standard for Teachers' Professional Development）。2016年7月，英国教育部公布了《教师专业发展标准》和《教师专业发展标准的执行准则》（Standard for Teachers' Professional Development: Implementation Guidance）。

《教师专业发展标准》包含以下五项内容：①专业发展应着重改善与评估学生学习成果，且应符合教师教学经验、知识与需求，并在执行过程中随时检验规划是否对学生学习产生积极影响。②专业发展应联结教学理论与学科知识，综合高品质的学术研究与教学资源。③专业发展应该包含合作和挑战，通过同侪合作解决问题，同时吸收外部专家观点，提高组织目标。④专业发展计划应持续追踪、反思和评估。⑤专业发展应该被学校领导团队视为重要项目，领导团队必须科学规划课程内容和目标，以及课程时间与资源规划。

《教师专业发展标准》不是短期活动，而是长期方案。因为没有明确目标的短期专业发展课程对学生的学习成效影响甚微，但长期的、连贯的、有结构规划的课程可对学生的学习成效产生积极影响。虽然该标准并非强制性要求，学校仍能自行决定如何规划学校教师的专业发展，但英国教育部希望该标准可以协助教师与培训机构了解高质量专业发展要求，并与现有教师标准相互补充。英国教育部主管学校事务的大臣尼克·吉布（Nick Gibb）表示，英国应该让高品质的专业发展计划成为学校常态，以提升教师的专业性和教育教学质量。

《教师专业发展标准的执行准则》指出，教师专业发展是确保教育教学质量的核心要素，专业发展依赖教师、校长、学校领导团队与外部专业发展培训、咨询提供者之间的相互支持和合作。此外，教师专业发展必须协助教师建立健全严谨的学术知识和技能体系，学校在制定专业发展计划时必须对不同活动之间的相互影响、预期效果、评估有明确目标。

二、推出《早期职业框架》，支持新晋教师

为给新晋中小学教师提供更好的职业发展方向与支持，2019年初，英国教育部发布了《早期职业框架》（Early Career Framework, ECF），该框架是针对新晋教师职业发展的指导方案，旨在给新晋教师提供支持与帮助。此框架建立在《教师招聘及留用策略》（Teacher Recruitment and Retention Strategy）的基础上。该策略是英国教育部于2019年发表的综合教师招聘预留策略，该策略首次将独立的教师招聘和教师留聘策略合并，以期符合中小学教师招聘和留聘现状。

《早期职业框架》涵盖五个主要发展领域：①行为管理（Behaviour Management）；②教育学（Pedagogy）；③课程（Curriculum）；④评估（Assessment）；⑤专业表现（Professional Behaviours）。《早期职业框架》的主要内容包括以下两方面：①高品质教师培训课程，包括免费课程和免费培训材料；②建立完整的训练课程框架，以加强新晋教师的专业能力，并提升学校的管理质量。该框架作为教师职业生涯初期的培训和支持计划，

通过缩短教学时数，使教师充分学习培训课程。在此框架下的各个领域皆明确规定教师需要学习并达成的预期目标，以及学习的步骤内容。

2020年9月，英国开始实施该框架，率先从下列四个地区开始推行：英格兰东北区（the North East）、大曼彻斯特郡（Greater Manchester）、布拉德福德市（Bradford）和唐卡斯特镇（Doncaster）。

英国政府鼓励所有符合条件的学校参与此框架，让各个学校受益于此框架所提供的支持与服务，并帮助政府了解各个学校在不同情况下实施《早期职业框架》的优缺点，以进行改善。2021年9月，《早期职业框架》作为全国性政策开始实施，政府预计每年至少投入1.3亿英镑，以支持此框架。在该框架实施之前，英国政府将制定配套法律政策，以期让各学校充分认知到即将面临的改变。2021年全国性框架落实，学校收到针对《早期职业框架》的政府资助，以弥补教学时数落差。政府资助金主要针对以下两项：①降低新晋教师教学时数；②导师对辅导新晋教师的额外工时支出。

英国政府的资助也将挹注于不同学科的教师薪资。以数学专业的教师为例，在原制度下，数学专业的教师会获得26000英镑的前期助学金。此资助原本只针对少数学科，但英国政府将资助范围扩大到其他学科，以吸引更多不同专业的合格教师，希望以此政策变革，鼓励优秀的合格中小学教师长期致力于教育事业。为推动优秀人才成为教师，英国教育部计划推出一项新的《发现教学计划》（Discover Teaching Initiative），让更多人有机会体验教学过程，发掘担任教职所带来的独特体验。同时，英国政府承诺将简化教师培育过程，引入新的数位技术系统，让有意成为教师的人获得更明确的教师培训信息及渠道。

英国教育部为新晋教师培训引入新的信息应用服务，该服务以使用者体验作为设计重心，旨在更好满足潜在教师受训者的需求，让教师培训过程更有效率，信息更畅通。英国教育部系统审查教师培训市场，以确保未来政府、学校和教师培训单位更有效地合作，以协助新晋教师获得最完善的支持和发展。

英国中小学教师《早期职业框架》的重点在于提升对新晋教师的支持力度。英国政府为新晋教师提供为期两年的全额资助，在任教的两年期间提供资助的时间表、培训时数和导师辅助。该激励措施期望能对现有的中小学教师荒产生重大转变，鼓励优秀人才留任教职。英国教育部建立了清晰的职业发展路径，为完成两年培训的合格教师以及有经验的现任教师提供多元的职业规划。

三、提升教师薪资和津贴待遇，吸引更多人才投入教职

英国的教师薪资基于学校所在区域、任教阶段、任教性质、任教年资等因素而有所不同。英国希望通过提高薪水，吸引更多人才投入教职，并持续担任教职。这主要基于以下两方面的考量：①通货膨胀持续影响实际可支配薪资，许多区域因教师薪水过低而降低职业吸引力，造成教师流失，加薪势在必行。②新冠疫情曾冲击了教育体系，教师和学生因病缺席，给学校运营带来严峻考验。

2022年7月，英国学校教师审议委员会（School Teachers Review Body, STRB）完成年度薪资审议，向教育部及首相提出审议报告书，并且建议英国政府对各级教师加薪，幅度最高可达8.9%。根据英国政府的资料，现将英格兰中小学具有教师资格的新晋教师的年薪调整前后的数据简要整理如下表。

表1 英格兰中小学新晋教师的年薪调整数据表

	调薪前	2022年9月调薪	2023年9月调薪
伦敦以外区域	£25714	£28000（8.9%）	£30000（7.1%）
伦敦外缘	£26948	£29344（8.9%）	£31000（5.6%）
外伦敦	£29915	£32407（8.3%）	£34000（4.9%）
内伦敦	£32157	£34502（7.3%）	£36000（4.3%）

英国教育部希望提升新晋教师起薪，以吸引更多人投入教职，进而提高教师教学专业地位。除提高新晋教师的起薪外，根据教学年限，教师们有5%到8%不等的加薪幅度。在职超过五年的教师的加薪幅度是5%，超过政府起初提出的3%涨幅。审议委员会认为，5%的涨幅足以抵消通货膨胀造成的实际可支配薪资问题，这些教师的平均年薪增加了约2100英镑，平均年薪约为42400英镑。

2021年10月，时任英国首相鲍里斯·约翰逊（Boris Johnson）宣布，教龄5年内的数学、物理、化学和信息教师可获得年薪3000英镑的加薪，以适应上述科目教师短缺的困境。2021年10月12日，英国政府宣布提供教师津贴，以吸引更多人才接受师资培训。这项津贴涵盖了在职教师的各项教育训练，以协助教师面对不断发展的教学环境。

教育部表示，津贴回归政策自2022—2023学年度开始实施，其具体内容如下：地理教师、设计教师和科技教师在2021—2022学年的津贴完全被取消，在2022—2023学年可以获得15000英镑的津贴。语言教师的津贴自2021—2022学年的10000英镑提升至2022—2023学年的15000英镑。生物教师的津贴在2021—2022学年从原本的26000英镑被砍至只有7000英镑，2022—2023学年的津贴微调至10000英镑。数学教师、物理教师、化学教师和信息教师的津贴保持不变，在2021—2022学年和2022—2023学年均是24000英镑，但相较于2020—2021学年的24000英镑少了2000英镑。

2022年7月，英国教育大臣詹姆斯·克莱弗利（James Cleverly）表示，加薪是对教师辛劳工作的肯定，教育部将制定更具竞争力的薪资水准，不断为教师提供各种专业训练，以确保教师高品质的教育输出，从而惠及学生。

四、重新审查《初级教师培训》，建立健全初级教师培训机制

2021年7月，英国政府重新审查《初级教师培训》，并提出建议。本次重新审查的主要目标是提高《初级教师培训》的实施效果，强化师资水平。除相关训练机制能协助培训教师、补足人力资源外，英国政府期望弱势地区的教师也能接受一流的课程训练，拥有发展专业的机会，包括让受训教师接受高品质的训练，

维持足够数量的初级教师培训人员等。

在教育基金会（Education Endowment Foundation, EEF）的协助下，教育部基于《初级教师培训》设计了四个阶段的进修发展策略，分别是初级教师培训（Initial Teacher Training）、初级职业发展辅导（Early Career Support）、专业能力发展（Specialisation Development）和督导能力发展（Leadership Development）。这四个阶段的发展策略环环相扣，每一个阶段都立足于前一个阶段，也使原本彼此独立的架构得以有效衔接。其主要内容如下。

（1）初级教师培训对应《初级教师培训框架》（ITT Core Content Framework, CCF）。英国教育部认为，教师需要进行系统化培训，因此初级教师培训应搭配《初级教师培训框架》。2020年9月，教育部发布该框架，为初级教师培训单位提供了培训课程设计的参考依据。该策略旨在通过资深教师督导年轻教师，明确可及的课程内容，以提升教师的知识与技能。

（2）初级职业发展辅导对应《初级职业框架重塑计划》（Early Career Framework Reforms）。为支持年轻教师，教育部制定《初级职业框架重塑计划》。在计划中，学校可得到固定辅助，并开设线下课程或线上课程保障年轻教师的专业知识与技能的发展。与此同时，通过英国教育、服务及技能局督导，可保证课程品质和有效性。

（3）专业能力培养（specialisation development）对应《国家教师专业资格》。为协助教师在中长期阶段持续发展专业知识，政府发布了《行政领导国家专业资格》，取代了《中层领导国家专业资格》（New National Professional Qualification Middle

Leadership Framework）。新的《行政领导国家专业资格》包括旧版《国家教师专业资格》、《教师发展领导力框架》（New National Professional Qualification：Leading Teacher Development Framework）、《教学领导力框架》（New National Professional Qualification：Leading Teaching Framework）、《行为与文化领导力框架》（New National Professional Qualification：Leading Behaviour and Culture Framework）和《一流素养框架》（New National Professional Qualification: Leading Literacy Framework）。此外，政府还推出了一系列教师培训课程。

2019年，英国教育部颁布了《行政领导国家专业资格》，这是第一个综合教师招聘和留聘的策略计划书（Teacher Recruitment and Retention Strategy），由教师、校长、代表机构、教师工会、初级教师培训提供者和主要专家共同制定。《行政领导国家专业资格》适用于所有教师的多种要求，包括发展知识与技能以及取得英国教育部认证的领导身份认证资格。为健全发展《行政领导国家专业资格》，英国教育部组建了教师培训专家团队，开发了新的教师认证资格，帮助教师设计职业生涯发展规划。自2019年10月起，英国教育部要求教师培训机构负责并确保未来教师能达到教师职业素养的最高标准，尤其是数学和英文等重点科目的教师。在新的培训系统下，培训人员将在初期教师培训结束时，适时进行新系统的教师评估测验。《行政领导国家专业资格》有助于教师专业发展，提升学校效率。教师可以专注于教育教学和课堂实践，无须遵循传统的领导角色训练。

英国教育部还发布了《教师发展资格》（Teacher Development

Qualification, TDQ），开发新的教师培训考试系统，替代现有教师培训技能测试，以支持与新教师专业资格的衔接。《教师发展资格》为在任教师推出专业课程，旨在协助拟在非领导岗位上发展其职业生涯的教师，或者协助教师取得辅导新晋教师的导师晋升资格。通过《教师发展资格》创建的连贯职业发展途径，不仅为教师提供了明确进阶方向，也为新入职教师提供了一定帮助。

（4）督导能力培训对应国家专业认证。因认可督导视察的重要性及复杂性，教育部更新了原本的国家专业认证（NPQs in Senior Leadership, Headship and Executive Leadership），并加入早期领导力国家专业认证（NPQs for Early Years Leadership）。教育部投入了1.84亿英镑执行此培训，为各级学校的校长主任、资深教师提供了行政及管理上的培训课程，以符合教务和学务的实际需求。

五、实施中小学教师招聘和留用策略，建立与完善职业发展路径

2018年，英国教育部与教育业内人士合作制定了《教师招聘和留用策略》（Teacher Recruitment and Retention Strategy）。2019年1月，英国教育部正式发布《教师招聘和留用策略》。该策略由各校校长、代表机构、教师工会、初级教师培训机构和主要专家共同研制，将教师招聘和教师留聘合并为综合性的教育招聘留聘策略。《教师招聘和留用策略》回应了中小学所面临的教师荒问题，明确指出了招募教师不足的问题，以及无法留住现

任教师的事实。此策略意在使用开源和节流的方式，解决长期以来的教师荒问题。

在《教师招聘和留用策略》中，英国教育部推出了新的《国家教师专业资格》（National Professional Qualifications, NPQs），不仅包含现有的国家教师专业资格，还增加了以下四项教育方面的专业资格：①修订《教师发展者资格》（Teacher Developer Qualification, TDQ）。②完善《早期职业框架》（Early Career Framework, ECF）。③简化教师求职途径。英国政府计划通过创建一个新的教师求职网站，支持教师求职与寻求合作伙伴。④为潜在教师提供培训渠道。英国教育部将推出一个新的"一站式应用系统"（One-Stop Application System），为潜在教师整合教师培训机会，以及提供机构信息。

第 12 期
卓越视域下
英国高等教育机构评估

高 露

内容提要

英国高等教育质量保障制度采用质量管制、质量审议和质量评估方式，结合内部评估和外部评估，以达到绩效和改进的目的。英国高等教育监管制度以保障教育品质为核心，设置了专门的教育监管机构，简化监管程序，有效整合了外部监管和内部监管，推动了英国高等教育的高品质和永续发展。

一、设立专门监管机构，保障教育质量

20世纪80年代以来，因实施绩效责任制和高等教育预算削减，英国设立了不同评估机构，以监督高等教育机构的运行。然而，其效果却不如预期，造成了人力和资源浪费。1997年，英国整合了不同评估机构，设立了高等教育质量保障机构，负责审核教育教学质量。英国大学评估机构主要是大学经费补助委员会（Universities Funding Council, UFC）与质量保障局。前者以大学研究评估作业（Research Assessment Exercise, RAE）为主，后者以学术评估为主。英国高等教育质量保障制度采用质量管制、质量审议和质量评估方式，结合内部评估和外部评估，以达到绩效和改进的目的。英国高等教育质量保障制度发展分为四个演变阶段，具体如下。

（一）设置国家学术资格授予委员会，评估多科技术学院

经政府核准且享有充分自主权的大学及高等技术学院（Colleges of Advanced Technology, CATs），无须经过评估。国家学术资格授予委员会（Council for National Academic Awards, CNAA）负责颁授学位，由英国政府直接管理。国家学术资格授予委员会是英国双轨制高等教育体系的基础，使大学与多科技术

学院（Polytechnics）两者形成分立状态。英国多科技术学院面向市场需求，教育教学侧重于职业教育与应用科学，旨在培养应用技术型专门人才。此外，国家学术资格授予委员会以课程评估和机构评估的方式开展评估工作，其经费来自大学经费补助委员会。

（二）设立大学校长委员会（1980—1992年）

20世纪80年代中叶，大学校长委员会（Committee of Vice-Chancellors and Principals, CVCP）与彼得·雷诺兹（Peter Reynolds）教授成立了大学校长委员会小组，以检视各大学校外审查人（External Examiners）的遴选，监督硕士研究生，审视大学课程情况。1986年，大学校长委员会出版了报告书，并制定了一套大学学术标准指南。各大学根据该指南和建议开展自我检视，进行自我检讨。然而，由于大学校长委员会（CVCP）的监督执行权有限，难以追踪各大学实施内部管理标准的结果。

（三）成立高等教育质量评议委员会（1992—1997年）

1992年，英国通过《继续教育与高等教育法》，废除了高等教育双轨制。自此，高等教育分别从教学与研究两个维度进行质量管控，高等教育评估采用教学评量（teaching assessment）与研究评量（research assessment），开展双轨评量机制。换言之，该机制取代学术审核单位（Academic Audit Unit, AAU）与国家学术资格授予委员会，继续开展质量保障的审核工作。新成立的高等教育质量评议委员会（Higher Education Quality Council, HEQC）具备法人性质，旨在维持质量保障机制，负责教学质量与资金使用分配。高等教育质量评议委员会由各大学、学院、高等教育机构共同参与，主要负责高等教育的质量审核工作、学分承认与教育质量提升工作。该委员会下设三个单位，分别是学分与准入部门（Division of Credit and Access, DCA），质量审核部门（Division of Quality Audit, DQA）和质量提升部门（Division of Quality Enhancement, DQE）。

（四）设立高等教育质量保障署（1997年至今）

因高等教育质量评议委员会未能有效解决高等教育评估问题，英国决定通过设置与整合高等教育质量保障署，建立适用于高等教育机构的质量保障过程框架。1997年，英国颁布《迪林报告书》，以高等教育质量保障署取代高等教育质量评议委员会的职能。该机构专门负责高等教育审核，行使整合经费补助与保障教育质量职能，以此提升英国高等教育的质量。高等教育质量保障署为全英国高等教育机构提供统一的综合质量保障服务，具有中立性与学科化的性质，旨在维持英国高等教育学术授予标准与质量，以确保大众与学生利益，维持英国高等教育治理与全球声誉。该机构与高等教育机构、管理机构与学生团体合作，共同目标为支持学生取得成功；该机构也公布学术标准与质量信息，为学生选校、雇主了解学校与决策者制定公共政策提供参考。同时，该机构致力于提升英国高等教育标准与质量管理，促进质量保障标准与价值认知，了解高等教育标准与质量本质，保持与欧盟及国际体系的共同参照标准。

2002—2003年，高等教育质量保障署整合机构审核和学科审核，以外部审核方式评估大学内部质量保障程序。2005年，高等教育质量保障署以机构审核为主。高等教育质量保障的具体实施工作在英国各地区存在差异。例如，在英格兰与北爱尔兰地区，高等教育质量保障署已停止英格兰高等教育机构的学科教学评估，但仍对英格兰地区扩充教育学院的高等教育学科进行评估。随着高等教育质量保障署评估项目的转型，在2012年机构评估的核心项目中，高等教育质量保障署在英格兰和北爱尔兰的机构改为检视与判断高等教育机构的四大核心目标，具体如下：①促进高质量教学、资源、学术支持；②确保学生、雇主基于高等教育机构所提供的课程及学术授予资格与质量，判断是否符合国家学术标准和质量，是否有便捷渠道了解可靠及有意义的信息；③当高等教育机构授予学位的学术质量有缺失，通过评估确保其采取快速行动以求改进；④确保公共经费用于高等教育机构的绩效责任。

高等教育质量保障署具有法人性质，由14位成员组成，分别为高等教育机构负责人（4名大学或学院校长）、4名高等教育拨款委员会委员、6名来自工业界或财务领域的专家。该组织下设多个小组，具体包括：质量检查小组、发展与促进小组、最高执行小组、相关行政部门，以及苏格兰高等教育质量保障署。

高等教育质量监管署的工作主要聚焦于以下几点：教育机

构提供的学位课程质量、学术授予标准、高等教育机构的基本责任。

（1）建立有效的高等教育机构内部质量保障体制机制。依据高等教育质量监管署制定的高等教育学术标准实施规则，审核高等教育机构制度是否符合该规则。其焦点在于机构内部质量保障制度及结果审核，以及审核该高等教育机构是否达到高等教育质量监管署所公布的参照标准。

（2）确认高等教育机构发布信息的正确性、完整性与可靠性。高等教育质量监管署负责审核高等教育机构公布的信息，如学位课程、学位授予标准，并保障信息正确性、完整性和可靠性。高等教育机构公布的相关信息，应有利于学生、团体、企业获取完整且正确的机构信息。

（3）审核高等教育机构学科建设。由于目前机构监管已整合学科层面及机构层面的教学评价，因此机构监管通过学科审核追踪的方式，每次选取若干学科进行审核追踪。

（4）建立高等教育机构的学术标准。为建立统一的学术标准，监管机构与高等教育机构协商建立不同学科的学术标准，包括高等教育资格架构、学科标准说明、学位课程计划书以及高等教育学术质量与标准保障实施规则，以完善高等教育机构学术标准。

高等教育质量保障署的评估方式因地区而异，但主要实施机构评估即评估学校对学位水平和教学质量管理，原则上是每6年评估一轮，评估主要内容包括学术计划核准、监督、评审、学校外部评估机制、学生评量和学术合作，而机构评估阶段则包括准备、访视、判断和提出报告。

（1）准备阶段。机构评估活动在正式评估前10个月开始准备。首先，高等教育质量保障署向高等教育机构发出评估信息，高等教育机构将其他评估团体在6年内对该大学所作的评估报告进行整理分析后，提供给评估小组的副召集人。其次，召开预备会议，厘清评估范围，确认评估学科和数目，并任命专家构成评估小组。以高等教育质量保障署评估苏格兰高教机构为例，每校由6人组成的评估小组进行实地评估，其中学生代表和外国专家代表各1人、3名英国资深学者、1名检视协调员。最后，根据评估访视需求，要求受评高等教育机构在评估访视前，提交机构的自我评估文件。

此外，因学生是机构评估过程的核心，故基本的教学供给质量、提升学生学习的方法、期望学生达成的学术标准及其实际达成的程度均是评估重点。同时，除受邀参加预备会议外，学生有时需在访视前提交一份书面报告。

（2）访视阶段。访视阶段分为简报访视和审议访视两个步骤。简报访视是指评估小组为厘清已收到的访视机构提供的信息，或进一步搜集其他额外的信息，决定评估访视所要探究的细节，并确定需要访视的学科、分派小组成员个别任务等。通常在评估访视的5周前，先进行为期3天的简报访视。简报访视以机构管理为主，包括同机构教职员和学生代表的会议。审议访视为期5天，深入访视每一个学科，并视需要和教职员与学生会谈。

（3）判断和提出报告阶段。评估结果必须提出判断报告，除文件审查与实地访视结果之外，报告还需评估高等教育机构学位课程质量的建立健全程度,以及对其授予学位与学术质量的信任程度。评估报告应判断该机构在教学过程、课程质量和学术标准的正确性、整合性、完整性,并提出可行建议。评估小组还须提出评估报告,报告内容主要包括评估背景说明,高等教育机构自我评估设计和执行,评估小组对机构质量、特色及局限性的分析,以及学科审议追踪结果。

高等教育质量保障署的判断结果分为三级,包括具有成效、成效有限以及无成效。访评结束后,各高等教育机构应根据评估小组的意见提出追踪改善报告。最后,高等教育质量保障署为各机构发布四项评估报告,包括结果报告(Outcome Report)、技术报告(Technical Report)、追踪改善报告(Follow-up Report)和主题报告(Thematic Report)。

综上,机构评估以高等教育机构自我评估为基础,由高等教育质量保障署组成评估小组进行实地访评,检视其自我评估结果,并进行期中评量,追踪学校改善情况。评估过程分为准备、访视、判断和提出报告四个阶段,最后评估结果再以等级呈现并公布评估报告。

二、整合学校监管制度,制定共同监管准则

近年来,《教育法》《教育与督导法》《教育与技能法》《教育规则之私立学校校务标准》《儿童照顾法》等相继被修订,为适应法律调整,英国学校监管也相应开展改革。其改革聚焦于建

立共同监管制度，主要内容如下。

（一）完善校务监管框架

根据共同监管准则，校务监管聚焦于以下四方面：①领导与校务管理的效能；②教学质量、学习与学业测验；③学生个人发展、行为与权益；④学生学习成果。此外，学校维护校园安全、平等与多元环境所投入的资源也是监管重点。校务监管内容统一，有助于学校、地方主管机关、学生家长掌握学校发展信息，并在信息充足的情况下做出适当决定。值得注意的是，在具体监管事项、监管流程等方面，则根据学校情况而存在差异。

针对各监管事项，监管人必须搜集证据与资料，依据监管手册规定，做出最终监管裁定。监管结果划分为以下四个等级：①优异，学校原则上可豁免例行校外监管，但首席皇家督学或教育部长可对学校展开监管。②良好，学校原则上只需在三年内接受为期一天的监管。③有待改进，学校必须在两年内再接受一次复评。④不合格。学校被认定为不合格，是因有严重不良的校务表现，或是被认定需要特别的改善措施。一旦学校被评为不合格，将被列入教育标准局的观察名单。

为维护学校督导的严谨性，各教育标准局的区域中心都会设立一个审查委员会，由皇家督学、校长组成，该委员会负责执行督导内部审查工作，推动教育标准局高效处理申诉，维护督导质量和公正性。

（二）优化教师评估机制

英国教师评估的法律基础完备。《1986年教育法》规定定期评估教师工作，1987年《教师薪资与服务条件法》要求教师必须参与评估，1991年《教育〈学校教师评估〉规程》明确规定实施全国学校教师评估制，1998年《学校标准架构法》规范教师评估的负责人和升级评估办法，1998年《教学与高等教育法》规定新任合格教师接受为时一年评估，2006年《教育〈学校教师表现管理〉规程》详实规定教师评估实施流程。2012年《教育〈学校教师表现管理〉规程》取代2006年《教育〈学校教师表现管理〉规程》。此外，2012年5月，英国制定《教师评鉴和能力：一份供学校采用的政策模板》，该政策范本分为教师评估和不合格教师处理程序两部分内容。

教师评估准则分为教师标准、个人和专业行为。教师标准分为八个方面，包括鼓励学生并给予高度期待、促进学生不断进步、输出良好的课程知识、设计和执行课程、适应学生需求和能力教学、确保良好的学习环境、更全面地担负起教师专业责任等。个人和专业行为包含三个方面：①教师应树立教师专业的公共形象，维系教师精神和高标准教师行为；②教师应践行学校精神、政策，严格执行工作任务；③教师应理解和遵守教师专业责任的法律规定。

英国教师评估由学校和地方当局开展，依据国家制定的统一法规，自行制定校内或地方层级评估政策。其具体内容如下：①制定校内教师评估政策。学校管理委员会必须制定学校评估政策，并为学校教师制定一份书面教师评估文件，内容包含评估流程，并告知全体教师。②确定评估人员。校长主持校内评估工作，指派教师评估人员。评估人员可以是校长，也可以是副校长、教师、学科主任等。③教师评估周期。教师评估为期12个月。倘若教师聘期未满一年，则以教师聘期为评估周期；受聘时间未满一学期者，不用接受评估。④设定评估准则和目标。学校应在评估前告知教师评估标准。该评估标准结合2012年《教育〈学校教师表现管理〉规程》制定。评估人员和教师共同设定预期目标。⑤评估教师表现，即依据设定教师标准和教师工作目标，评估教师角色和责任；评估教师专业发展需求，确认达成专业发展所需的配套措施；根据教师表现，提出教师薪资建议。

（三）完善教学监管框架

2015年11月6日，英国商业、创新及技能部公布《发挥才能：教学卓越、社会流动及学生选择报告书》，提出教学监管架构。监管指标分为教学质量和学习环境、毕业生就业数据、研究生数据，数据必须呈现不同社会经济背景学生的表现差异。监管指标会不定期调整，大学随之改变资料。根据监管标准，大学准备好资料，并提交给独立委员会开展书面审查。此委员会成员由学术专家、学生代表及雇主代表组成。监管结果分四级，各大学依此结果决定学费调涨幅度。该监管标准推动大学提高教育教学质量，并且学生可将监管结果作为择校依据，学校可将之视为招聘员工的参考选项。

（四）制定教育品质规制

高等教育质量监管署和高等教育机构共同制定《英国高等教育质量规范》，设定了高等教育机构应达到的目标。该规范分为三个部分，分别是学术标准、学术品质、高等教育内涵，每一部分均有明确预期和指标，如高等教育机构应向教职员工、学生、其他利益相关者说明监管体制机制，让每个学生得以发展为独立学习者，致力于本学科的学术研究，并提升学生的分析、批判和创造思考的能力。

高等教育质量监管署制定高等教育品质规范最低标准要求，英国顶尖大学自行设置更严格的要求，以确保学生的学习成效和学校声誉。剑桥大学设立了教学服务指导小组，监督校内教学服务质量。巴斯大学自行设定了更加严格监管规则，并将该校监管报告公布于众。此外，各大学会设计调查问卷，调查学生的学习成效满意度，即举行全国性学生满意度调查，主要涉及课程教学方式、课程评估方式和反馈意见、课程支援、组织和管理、学习资源、个人发展规划、整体满意度、对该校学生会的满意度。该调查结果能给高校提供建议，让高校针对不足之处提出改善方法。

三、英国高等教育机构评估治理特点与成效

英国高等教育质量保障制度多元，不同时期建立了不同评估机构或组织开展高等教育评估，以期将高等教育机构纳入英国高等教育质量保障体系。对英国大学质量保障制度的沿革、发展、

机构评估的实际做法，可总结出如下特点。

（一）评估活动的区域性差异

区域性差异与 1992 年《扩充及高等教育法案》变革有关，各地拨款委员会对地方高等教育发展有自主权。虽委托高等教育质量保障署进行评估，但其评估项目仍有差异。

（二）评估活动与名称变更频繁

英国教育改革的最大特点在于不断改革与创新，这有助于适应现今快速变迁的社会。因此，在不同评估发展时期，英国高等教育评估机构或组织对不同类型的高等教育机构实施了不同的评估活动，或变更评估活动，通过不断改进，协助各高等教育机构保障教育教学质量。

（三）成立专门组织，减少评估资源浪费

英国评估机构复杂多变，主要原因是英国高等教育机构类型多元。1992 年以前，英国采取双轨制高等教育体系，多科技术学院和一般大学各有不同的评估系统。自 1997 年开始，英国整合了各种外部评估机构，结合经费补助与质量保障审核，设置了高等教育质量保障署专责机构负责学术质量的审核工作，以减少重复评估和避免评估资源浪费。

（四）确保大学内部质量机制的自主性

在 2002—2003 年之前，英国高等教育质量保障署采用机构评估、学科审核、评估质量架构。机构评估审核机构质量保障的相关安排。换言之，机构评估是一种再审核内部质量的机制。除保留其自主权利外，机构需要制定自我管理机制，并通过外部评估力量，以确保其机制有效运作。

（五）制定参照标准，保障大学学术质量

英国高等教育质量保障署制定客观的评估标准，包括制定高等教育资格架构、学科基准说明及质量保障实施规则等。其目的在于鼓励学术社群通过对话，将内隐式规则转变为明文规定。

总而言之，英国高等教育质量保障制度由多元高等教育评估机构，转变为整合且统一的高等教育质量保障署。英国高等教育评估曾将研究与教学分双轨办理，办理过程饱受争议，出现了偏重研究而轻忽教学的现象。受全球化和绩效责任影响，英国高等教育评估机构几经发展，如今的高等教育质量保障署具有整合性且重视内外部质量。英国高等教育质量保障署尊重英国各区域的高等教育机构自主发展，其机构评估内容和方式取得因地制宜发展。